デジタル時代の
キャリアデザイン

森田 佐知子
Sachiko Morita

JN057299

学術研究出版

『デジタル時代のキャリアデザイン』というこの書籍のタイトルにもあるように、テクノロジーの進歩等により、私たちを取り巻く環境は急速に変化しています。将来の予測が専門家にすら難しい現代社会において、私たちにできることは、日々、自分自身のキャリアについて少しずつ情報収集し、考えていくことで、その時の自分にとって最善のキャリア選択を試みることではないでしょうか。

　この書籍は、上記のような環境下において、大学卒業後の進路選択や将来のキャリア設計に向けて少しずつ準備をしていきたいと考えている大学低学年の人が、そのために最低限必要なキャリアデザインの基礎的知識を身につけることができるように書かれたテキストです。

　このテキストは大学のキャリア教育の中で教科書として使用することもできますが、独学でも学習できるよう設計しています。独学で学習する場合は、1週間に1章など自分自身で学習ペースを決め、まず本文を読み、次に章末にある文献リストから興味のある文献をいくつか読み込み、最後に「次回までの課題」を行う、という順番で学習するとスムーズです。また機会があれば、家族や友人など身近な人と、その章のトピックについてディスカッションしても良いでしょう。

　さて、このテキストは4部構成となっています。

　第1部は「キャリアを考えることの重要性を理解する」というテーマで、キャリアデザインを大学の低学年のうちから学ぶことの重要性と、大学低学年の人にも理解しやすいキャリアに関する理論をいくつか紹介しています。第2部は「自分に関する情報を集める」というテーマで、自分の職業選択における価値観や社会で役立つ強みそして将来のビジョン等を、ワークを通じて自己分析できるようになっています。第1部と第2部に出てくる理論やモデルはこれまで日本や国外でよく使われてきた伝統的な理論・モデルを用いています。その理由は、私がおよそ10年間大学でキャリア教育を担当してきた中で、伝統的な理論・モデルは比

較的シンプルで、大学低学年の方がキャリアというものに興味を持ち、授業を通じて自分のキャリアのことを考えていくきっかけとして有効であったからです。

　続く第3部は「社会に関する情報を集める」というテーマで、職業に関する情報の種類とその収集方法、採用選考における人工知能（Artificial Intelligence：AI）の導入、そしてデジタル時代におけるキャリアデザインに必要なデジタルキャリア・リテラシーについて説明しており、このテキストの最も大きな特徴であるデジタル時代を意識した内容となっています。最後の第4部は「情報をつなぎ合わせる」というテーマで、主に大学生活の中で自分と社会との情報を少しずつ繋ぎ合わせ進路選択に備えていく機会として、ロールモデル、インターンシップ、そして就職活動について説明しています。

　この書籍は就職活動の具体的なノウハウ本ではありませんので、エントリーシートの書き方や面接対策などについての知識は得られません。加えて私が勤務してきた大学は地方の大学であることから、都市部の大学生には当てはまらない部分が多々あるかと思いますので、これらを踏まえた上で読み進めていただければ幸いです。

　最後になりましたが、この書籍を出版するにあたって JSPS 科研費（JP19K02431）の助成を受けました。また学術研究出版の瀬川様、湯川様に大変お世話になりました。この場を借りて感謝申し上げます。

森田　佐知子

目 次

第 *1* 部

キャリアを考えることの
重要性を理解する

第1章

キャリアデザインの必要性

事例 **1** まさか自分が転職を考えることになるなんて……

　入社 3 年目の A さん。A さんは大学で外国語を学び、1 年間の交換留学も経験しました。就職活動では得意の英語と留学経験を評価してくれる企業に絞って受験し、見事、第一志望の外資系企業の営業職に就くことができました。卒業式、A さんは学生生活が終わってしまうことを淋しく思いつつも、将来の順風満帆な国際人としてのキャリアを想像し、期待に胸を膨らませました。

　しかし、入社してみると、憧れていた外資系企業の社風に馴染めない自分に気づきます。A さんは確かに海外旅行や語学は好きですが、実は小学校からバレーボールを続けており、特に、チームで目標を達成していく過程が大好きでした。しかし、入社後配属された部署は個人主義の風土が強くシステムエンジニアとして就職した友人が、同僚と楽しく仕事をしている話を聞きとても羨ましくなりました。

　それでも頑張り屋の A さん、なんとか 3 年間は仕事を続けてみました。仕事にも慣れ、後輩も入社し、それなりに仕事ができるようにはなりましたが、いまだに「本当にこの職場で働き続けていいのだろうか？」という疑問を払拭できずにいました。

　そんなある日、久しぶりに大学時代のバレーボール部同期のランチ会に参加しました。そこで驚いたことに、友人の 2 ～ 3 割が、仕事を辞めたり転職したりしたことを知ります。「転職……」A さんは考えました。バレーボールや語学など一つのことを続けてきた A さんにとって、転職は考えてもみなかった選択肢でした。しかし、このまま悩みながら仕事を続けるよりも、思い切って転職してみた方がいいのかもしれないとも思いました。

　「でもどうやって自分に合う転職先を探したら良いのだろう」、「そしてこれからの長い人生、いったいどうやってキャリアを考えていけば良いのだろう。」

　自分が転職を考えるようになるなんて思ってもみなかった A さん、楽しいはずのランチ会で考え込んでしまいました。

1-1 キャリアって何？

　皆さんは「キャリア」という言葉にどのようなイメージを持っているでしょうか。「キャリア」という言葉は中世ラテン語で馬車などが通る「車道」、「轍」を起源とし、英語では競馬場や競技場のコースを意味します。そこから、人がたどる道筋や経歴、遍歴なども意味するようになりました。さらに「キャリアアップ」、「キャリアウーマン」などの言葉からもわかるように、職業におけるステップアップや仕事に比重を置いた生き方を表すようになりました。

　しかし、最近では「ライフキャリア」という言葉も使われるようになり、キャリアという言葉はより広範囲に、個人の生活や人生の充実、向上を表す言葉へと変化しています。そのため、職業を切り口に捉えた場合は特に「職業キャリア」と呼んで区別することもあります。

　このように**キャリアという言葉は、人の生涯における時間の流れ（歩んできた、そしてこれから歩んでいく道筋）と、そのなかでの職業や生活の向上・充実といった意味**を含んでいます。

1-2　なぜ大学でキャリアデザインを学ぶのか？

　では、なぜ大学で、しかも低学年のうちから「キャリアデザイン」を学ぶ機会があるのでしょうか。これには日本の産業界を取り巻く環境の変化、そして、皆さんを取り巻く雇用環境の変化が大きく影響しています。

　『キャリア教育のウソ（児美川, 2013）』という本の中に「標準」が崩れてしまった時代という表現があります。その部分を抜粋します。

"もちろん、以前の時代にも、紆余曲折のキャリアや、波乱万丈と言って良い人生を歩む者は存在しただろう。しかしそれはやはり、やや「例外」に属する事例であって、だいたいみんな、こういう道を辿っていくのだろうという、社会的な「標準」を想定することが可能であった。

しかし、今ではその「標準」が成り立ちにくくなっている。人のキャリアが予測不可能なものになっている。"

児美川（2013），p.22

このように標準的なキャリアというものが見えにくい現代社会においては、個人は、学校を卒業した後も、自分で自分のキャリアをデザインし、より充実した人生にしていく力が必要になってきたのです。

次に、もう少し短期的な視点で見てみましょう。皆さんは、大学を卒業して就職した人の何割が３年以内に離職するかご存知でしょうか。離職率は企業の従業員規模や業界、地域などによっても異なりますが、実は約３割の人が、大学卒業後３年以内に企業を離職しています（図表1.1参照）。

図表1.1 学卒就職者の在籍期間別離職率の推移（大学卒）

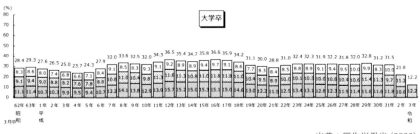

出典：厚生労働省（2022）

では、なぜ就職して３年以内に３割もの人が離職してしまうのでしょうか。

図表1.2は、初めて就いた仕事を離職した人の理由をグラフ化したものです。

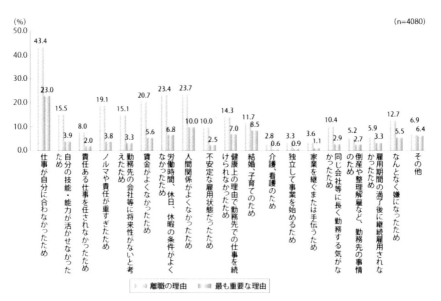

図表1.2 初職の離職理由

(注) 最初の就業先を離職した者について、「離職の理由について教えてください。」の問いに対する回答。

出典：内閣府（2017）

　図表1.2を見ると、**仕事内容や人間関係、待遇などが自分に合わないことが離職につながっている**ことがわかります。

　このことから、就職するまえに就業体験ができるインターンシップに参加したり、その企業で働く卒業生や社員の方と個別に話をする機会を持つなど、時間をかけて自分に合う職業、職場を探していくことが必要だと考えられます。

　以上から大学で低学年のうちからキャリアデザインを学ぶメリットとしては次の2点が考えられます。

- 長期的視点では、キャリアの「標準」が崩れてしまった現代社会において、卒業後も自分で自分のキャリアをデザインし、人生を充実させる力や知識を身につけることができる。
- 短期的視点では、時間をかけて準備をすることで、就職活動の際に自分の適性や価値観に合う仕事、職場を見つけることができる。

1-3　これからの時代のキャリアってどんなもの？

　先ほど、「標準」が崩れてしまった時代においては、自分で自分のキャリアをデザインしていく方法を身につけることが大切だという話をしました。では、これからの時代におけるキャリアデザインとはどのようなものになっていくのでしょうか。

　まず従来のキャリアデザイン（ここでは「伝統的キャリアデザイン」と呼びます）では、企業は終身雇用を前提として従業員のキャリアを10年、20年先まで提示し、そのキャリアを歩んでいくうえで必要な能力やスキルを研修や仕事を通じて身につけさせていました。つまり、従業員のキャリアは企業主体でデザインされていたのです。しかし、2000年代以降、企業を取り巻く環境は厳しいものとなり、この考え方の前提となっていた終身雇用という形態の維持が困難になってきました。
　そこで、企業は企業主体のキャリアデザインから脱却し、個人の多様性・創造性・自律性を重視するようになったのです。言い換えると、**キャリアは個人が主体となって自律的にデザインし、多様性や創造性を発揮することが求められるようになった**ということです（こうした形のキャリアを「**自律的キャリア**」と呼ぶこともあります）。では、企業はもう何もしてくれないのかというとそうではなく、企業は従業員の主体的なキャリアデザインをサポートする立場となりました。

　もう少し詳しく見てみましょう。図表1.3は、これまでの伝統的なキャリアデザインと新しいキャリアデザインを比較したものです。先ほど述べたように、キャリアデザインの主体は組織（企業）から個人へと変わっています。それ以外にも、雇用関係は安定した関係から成果を重視され組織の境界を越えた関係へと変わっています。それに伴い転職の頻度も増えていきます。転職が増えるということは、1つの企業でのみ通用する特殊なスキルではなく、複数の組織で使えるスキルが必要になることを意味します。

図表 1.3 伝統的キャリアデザインと新しいキャリアデザイン

	伝統的キャリアデザイン	新しいキャリアデザイン
主 体 者	組織	個人
雇用関係	安定した関係	成果を重視され、組織の境界を越えた関係
転職の頻度	低い（1〜2社）	高い（複数）
ス キ ル	その企業内における専門的スキル	複数組織にわたり変換可能なスキル
成功の尺度	報酬、組織内の地位（客観的キャリア）	心理的に意義がある仕事（主観的キャリア）
核 と な る 価 値 観	昇進・権力	自由・成長
重要なこと	この組織から自分は尊敬されているか	自分を尊敬できるか
キャリアにおける責任	組織	個人

出典：宮島（2012）を筆者にて一部抜粋・変更

　また、成功の尺度や価値観も変化しています。伝統的なキャリアデザインにおける成功の尺度は「報酬、組織内での地位」といった客観的な基準でした。それに対して新しいキャリアデザインでは「心理的に意義がある仕事」という主観的な基準が成功の尺度となっています。そのため、新しいキャリアデザインでは、組織からの評価や尊敬ではなく、自分自身が自分の仕事を評価し、そして、自分自身を評価できるかが重要になってきます。そして先ほども述べましたが、キャリアにおける責任が組織から個人へと変化しています。

　キャリアデザインに対する考え方が変わってきていることは皆さんの就職活動にも大きく影響しています。昨今、就職活動において企業が大学生に求める能力として常に上位にあがるものに「主体性」という能力があります。まさに、皆さんは**就職活動の際に、自らが主体となって自律的にキャリアをデザインし、成長できる人材であるかどうかを判断されている**可能性があるのです。

◆第1章のまとめ◆

- キャリアという言葉は、人の生涯における時間の流れ（歩んできた、そしてこれから歩んでいく道筋）と、そのなかでの職業や生活の向上・充実といった意味を含んでいる。

- 大学でキャリアデザインを学ぶメリットは、短期的には就職活動の際に自分の適性や価値観にあった仕事、職場を見つける力や知識を身につけられること、そして長期的には、キャリアの「標準」が崩れてしまった時代において、自分で自分のキャリアをデザインし、人生を充実させる力や知識を身につけられることである。

- キャリアは企業主体でデザインするものではなく、個人が主体となって自律的にデザインし、多様性や創造性を発揮していくことが求められるようになった。またこうした形のキャリアを「自律的キャリア」と呼ぶ。

- 皆さんは就職活動の際に、自らが主体となって自律的にキャリアをデザインし、成長できる人材であるかどうかを判断されている可能性がある。

📑🔍 コラム 1

　第1章では、就職活動の際に企業等が皆さんを評価する重要なキーワードが「主体性」であるという可能性を学びました。

　就職活動で企業の面接官は、皆さんに「学生時代に力を入れたことは何ですか？」という質問をし、その内容から皆さんが主体性を持った人材であるかを判断しています。では、そこでどのような話をすれば面接官に主体性があると思ってもらえるのでしょうか。それはたとえば以下のような内容です。

①仕事の量が多く、スケジュールも厳しかったので、自分から進んで課題のリストを作り、皆に配布して仕事を分担して進めた。

②研究室内の実験のみならず、日常生活でも「英語を勉強する」「関連分野の論文を読む」などの課題を設定し、行動するようになった。また、その実施状況を記録して、どれくらいできるようになったかを客観的な視点から分析している。

出典：経済産業省（2008）

　どうでしょうか。①はアルバイトなどで実践できるのではないでしょうか。②は日々の学習や卒業研究などで実践できそうです。このように**主体性を身につけたり伸ばしたりするのは、日々の小さな行動から始まります。**主体性以外の、社会で役立つ力については第4章で詳しく学びます。

📝 次回までの課題

①上記の例を参考に、あなたの実生活で今日から取り組める「主体性を伸ばす取り組み」を3つ考えてみましょう。そして、実際にそれを実行してみましょう。

②本章を参考に、現代社会におけるキャリアデザインの特徴を考察し、300文字程度でまとめてください。

引用・参考文献

安藤りか（2011）キャリアモデルの発展と転職観の変化，キャリアデザイン研究，7, 199-212.

経済産業省（2008）今日から始める社会人基礎力の育成と評価：将来の日本を支える若者があふれ出す！，角川学芸出版.

厚生労働省（2002）「キャリア形成を支援する労働市場政策研究会」報告書. http://www.mhlw.go.jp/houdou/2002/07/h0731-3a.html（最終閲覧日：2022年10月15日）

厚生労働省（2022）新規学卒者の離職状況. https://www.mhlw.go.jp/stf/seisakunitsuite/bunya/0000137940.html（最終閲覧日：2022年12月23日）

内閣府（2017）平成29年度子ども・若者の状況及び子ども・若者育成支援施策の実施状況（平成30年版　子供・若者白書）. https://www8.cao.go.jp/youth/whitepaper/h30honpen/pdf_index.html（最終閲覧日：2022年12月24日）

児美川孝一郎（2013）キャリア教育のウソ，筑摩書房.

独立行政法人労働政策研究・研修機構（2007）若年者の離職理由と職場定着に関する調査，JILPT調査シリーズ36. http://www.jil.go.jp/institute/research/2007/documents/036.pdf（最終閲覧日：2022年10月15日）

宮島裕（2012）自律的キャリアの課題についての一考察，目白大学経営学研究，10, 105-117.

渡辺三枝子編（2007）新版キャリアの心理学，ナカニシヤ出版.

第2章

キャリアデザインに関する理論

事例 *2* 「やりたいこと」も「好きなこと」も見つかりません

　Bさんは経営学部の2年生です。2年生の後半になり、友人がインターンシップの話題をするようになったので、自分もなにか就職に向けた準備をしなければいけないという思いが強くなりました。ですが、将来やりたいこともなく、これと言って好きなこともありません。

　経営学も、特に興味があったというわけではありません。実家から近い国立大学のなかで自分の学力で合格できそうな大学、学部を探し、入学しました。授業には真面目に出席しており、経営学のことは一通り学びましたが、今のところ面白いと感じる領域はありません。

　両親に負担をかけたくないのでアルバイトをしています。アルバイトもたまたま見つけたマンション近くのコンビニエンスストアでの仕事です。今のところ続いていますが、コンビニエンスストアの仕事や接客業を卒業後の仕事として継続したいとは思いません。アルバイト先は、社員さんやパートの方、他のアルバイトの学生たちもみな親切で居心地は良いですが、第一の目的はお金を稼ぐことです。大学の課題やアルバイトが忙しいのでクラブ活動やサークル活動は行っていません。たまに休みがあると、一人暮らしなので家事をするか、ゲームをして過ごします。

　文系なので営業職に就く人も多いと思いますが、自分にはとても営業職が務まるとは思えません。営業職以外の仕事となると今のところ公務員しか思いつきませんが、採用試験に向けた勉強は大変そうですし、公務員採用試験対策講座は受講料が高いので通えそうもありません。

　将来の職業に関する希望としては、体力的・精神的に厳しい仕事ではなく、平均的なお給料をもらえる職業に就きたいということだけです。

　就職活動のことをインターネットで検索すると、「やりたいこと、好きなことから仕事を探そう」という内容が目につきます。

　「やりたいことも好きなことも見つからない場合はどうしたら良いのだろう……」Bさんは同じような記事を見るたびに、ため息が出てしまうのでした。

2-1 DOTSモデル

　キャリアデザインに関連する理論はとてもたくさんありますが、本章では、私が実際に大学生のキャリア支援をしていて有効だと感じた３つの理論をご紹介します。

　１つ目の理論は「DOTSモデル（図表2.1）」です。DOTSモデルはイギリスの研究者が提唱した理論で、今もオーストラリア等の大学におけるキャリア支援でよく使われる伝統的なモデルです。

　DOTSは、Decisions（意思決定）、Opportunities（機会認識）、Transitions（移行学習）、Self（自己認識）、という４つの英単語の頭文字をとったもので、キャリアデザインを行う際の論理的な順番は、S → O → D → T だとされています。

　この理論は自分のキャリアをどのような順序で考えていけば良いかわからない人、自分が今キャリアデザインの過程のどの位置にいるか確認したい人、キャリアデザインにおいて次に何をすれば良いかを知りたい人に参考になる理論です。

図表2.1 DOTSモデル

　Self（自己認識）、Opportunities（機会認識）、Decisions（意思決定）、Transitions（移行学習）のそれぞれについて、具体的に見てみましょう。

Self（自己認識）

日本の就職活動で使われる言葉に置き換えると「自己分析」にあたります。ある職業分野における選択肢と自分との適合性を評価するためには、最初に、自分の価値観、興味、スキル、個人的な資質等を深く分析する必要があります。

Opportunities（機会認識）

日本の就職活動で使われる言葉に置き換えると「業界研究」や「仕事研究」にあたります。この段階では、考え得る様々なキャリアの選択肢を模索します。これには、職業の詳細や自分の専門分野における雇用の機会を調べることが含まれます。

Decisions（意思決定）

その名の通り、選択肢の絞り込みを含む意思決定を行うことを指します。関連する仕事の経験を積む必要があるかもしれませんし、本やウェブサイトでキャリアに関する情報を得たり、すでにその分野で働いている人にインタビューを行うのも良いでしょう。合同企業説明会などのイベントに参加することも、意思決定の助けになります。

Transitions（移行学習）

この移行学習には２つの意味があります。１つ目は「就活準備」にあたることで、例えば、志望する企業の採用選考のスケジュールを理解したり、応募書類や面接で効果的に自己アピールができるように準備することです。２つ目は、その職業で必要となる能力やスキルを身につけていくことです。

　DOTSモデルに関連して２つ注意点があります。
　１点目は、同じ学年や年齢の人であっても、DOTSモデルの提示する過程のどの位置にいるかということは人によって異なる、ということです。例えば教育学部や医学部など、特定の職業に就くことを前提とした

教育を受けている人は、DOTSモデルのDecisions（意思決定）までを完了した段階で大学に入学していると考えることができます。もちろん教育学部や医学部でなくても、大学入学時にすでになりたい職業が決まっている人もいます。ただしDOTSモデルのプロセスを早く進むことだけが良いということではありません。冒頭に述べたように、この理論は皆さんの今の段階を把握し、次に行うべきことを考える際の手助けになるものです。皆さんはいまこのモデルのどこにいるでしょうか。ぜひ考えてみてください。

　2点目は、先ほどこのモデルを使用してキャリアデザインを行う際の論理的な順番はS→O→D→Tだと説明しましたが、この順序にこだわる必要はないということです。皆さんが自分のキャリアについて考える時、皆さんは自分自身と機会について絶えず学び、これらのプロセスを前に後ろにと進むことができます。また時間とともに人生の優先順位が変化すると、その時にまた自分のキャリアを見直してみたいと思うかもしれません。またこのプロセスを途中から進めてみたいと思うこともあるでしょう。このようにキャリアの理論やモデルには標準的な進め方が説明されていることもありますが、それとは異なる、自分なりの活用方法を見つけてみるのも良いでしょう。

　さてDOTSモデルでは、キャリアデザインの最初は自己認識から始まっていました。そして他の多くのモデルにおいても、キャリアデザインのプロセスは自己認識や自己分析から始まるものが多いです。そして自己認識、つまり自己分析にあたり、まず自分の好きなことを考え、そこから将来の職業を考えるという手法が多く紹介されています。
　しかしBさんのように、好きなことややりたいことが見つからない、もしくは好きなことややりたいことが職業に結びつかない場合はどうすれば良いのでしょうか。

2-2　Will-Can-Must

そこで次にご紹介したいのが、Will-Can-Must（図表 2.2）です。

Will-Can-Must は、日本の大学における就職ガイダンスで頻繁に利用されてきた理論モデルです。ピーター・ドラッカー（Peter Ferdinand Drucker、1909 年〜 2005 年）や第 3 章で紹介するエドガー・H・シャイン（Edgar Henry Schein、1928 年〜 2023 年）といった経営学の研究者の考えから派生したという説もあり（田澤, 2018 など）、社会人のキャリアデザインにも使用されることがあります。

簡単に説明すると、**自分のキャリアを考える時に、「Will（やりたいこと）」、「Can（できること）」、「Must（やるべきこと）」の 3 つが重なる領域を探すのが良いとする理論**です。

図表 2.2 Will-Can-Must

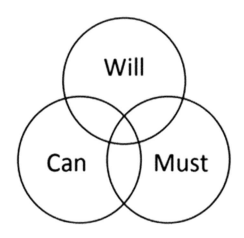

この Will、Can、Must には多様な解釈があります。

例えば株式会社リクルートキャリア（2019）は、まず、Will を「ありたい姿」「なりたい像」「実現したいこと」と定義し、目指す姿が明確であれば自分の能力を高めていく努力ができるため、Will が成長の原動力となるとしています。次に「Can（活かしたい強みや克服したい課題）」を確認し、それを活かし、伸ばすこと、そしてその人の Will を踏まえて「Must

（能力開発につながるミッション）」を設定することが重要である、としています。

　日本経済新聞社（2021）では、従業員の自律的な行動を促し支援するマネジメントとして Will-Can-Must の視点が提唱されており、（1）本人がしたいことを引き出して任せる（Will）、（2）経営の方向性や本人に与えられた役割を認識してもらう（Must）、（3）本人の強みややりたいことを把握し学びの場を提供する（Can）の3要素の重要性が述べられています。

　また日本経済新聞社（2018）には、「楽しく仕事をするには、自分のWill（したいこと）を Must（すべきこと）にすることだ。それが無理なら、Can（できること）を Will にしてしまおう」という記述も見られます。

　上記のように様々な解釈がある Will-Can-Must ですが、私が皆さんにこの理論モデルを通じて伝えたいことは以下の2点です。

- 「Will（やりたいこと）」が見つからない場合は、「Can（できること）」や「Must（やるべきこと）」から考えてみるのも良い。
- 社会人になると、「Will（やりたいこと）」だけを追求してくのではなく、その過程で「Can（できること）」を強化するための学習・経験を積んだり、周囲から求められる「Must（やるべきこと）」や自分のキャリアビジョン達成に必要な「Must（やるべきこと）」に向かって行動を起こすことも必要である。つまり **Will-Can-Must のバランスが重要である**。

　また「Must」については、近年、「持続可能な開発目標（Sustainable Development Goals、以下「SDGs[1]」と略）という言葉もあるように、皆さんが大学で学んだ社会的な課題の中で、自分が社会人になったときにそ

---

[1]　SDGs とは、2015 年に国連サミットで採択されたもので、2030 年までに持続可能でよりよい世界を目指す国際目標です。17 のゴール、169 のターゲットから構成され、地球上の「誰一人取り残さない（leave no one behind）」ことを誓っています（外務省ウェブサイトより）

の解決に貢献したいと思えたことがあれば、それに繋がる仕事を探してみる、という視点で考えることもできるでしょう。

　さて本節では、好きなことややりたいことが見つからない、もしくは好きなことややりたいことが職業に結びつかない場合に有益な理論を紹介しました。では、大学入学時にすでに好きなことややりたいことが見つかっている人はキャリアのことを考えなくても良いのでしょうか。

2-3　プランド・ハップンスタンス理論（計画的偶発性理論）

　そこで最後にご紹介したいのが、アメリカのジョン・D・クランボルツ（John D. Krumboltz、1928 年～ 2019 年）という研究者が開発したキャリアの理論です。この理論のポイントは、**キャリアのほとんどは予期しない偶発的なものから生み出される、しかし私たちはその偶然を活かして自分のキャリアを切り開いていくことができる**ということです。

　現代社会は「将来を見通すことが困難で、正解のない時代（伊藤, 2019）」であると言われており、このような時代のことを「VUCA の時代（村井, 2022）」と呼びます。VUCA とは、Volatility、Uncertainty、Complexity、Ambiguity の 4 つの英単語の頭文字をとったもので、日本語では、変動性、不確実性、複雑性、曖昧性と訳されます。この言葉はもともと、1990 年代にアメリカで使用されるようになった軍事用語で、2010 年代頃からビジネス界において予測不可能なこれからの時代を表す言葉として使われるようになりました。ICT や AI の発展、グローバル化、そして 2020 年以降は COVID-19 の拡大により、この VUCA がますます加速しています。

　例えば、COVID-19 の拡大は、航空業界や観光業界を目指していた大学生にとって大きな影響がありました。近年では、これら業界においても採用意欲が回復していますが、大手の航空会社や旅行会社が新卒採用を行わなかった年もありました。このように、大学入学時にすでに好き

なことややりたいことが見つかっている人、そしてそれに向かって着実に準備をしてきた人であっても必ずその職業に就けるとは限りません。また、どんなに景気が良い時期であっても全員が第一志望の企業に入社できるとも限りません。

そして皆さんの長い人生においては、他にも様々な予期せぬ出来事があることでしょう。しかしクランボルツは、そうした**将来の予測が立ちにくい時代においても、以下の5つのスキルを磨くことで、予期せぬ偶然の出来事をチャンスに変えていくことができる**と考えました。

図表2.3 プランド・ハップンスタンス理論で重要とされる5つのスキル

この理論は2000年以降、日本でも広く普及しました。**偶然を活用しながらキャリアを切り拓くという理論で、変化が激しく、将来が見えない現代社会にマッチする理論**だと言えます。

またクランボルツは、幸せで成功している人は、計画に費やす時間を減らして行動することに時間を費やしていることを指摘し、行動して失敗から学ぶことも重視しました。皆さんも、もし先が見えずどうしたら良いかわからないときは、まず行動してみると、次に進むべき方向が見えてくるかもしれません。

◆第2章のまとめ◆

- DOTSモデルは、Decisions（意思決定）、Opportunities（機会認識）、Transitions（移行学習）、Self（自己認識）、という4つの英単語の頭文字をとったものである。
- DOTSモデルは、自分のキャリアをどのような順序で考えていけば良いかわからない人、自分が今キャリアデザインの過程のどの位置にいるか確認したい人、キャリアデザインにおいて次に何をすれば良いかを知りたい人に参考になる理論である。
- Will-Can-Mustは、日本の大学における就職ガイダンスで頻繁に利用されてきた理論モデルで、自分のキャリアを考える時に、「Will（やりたいこと）」、「Can（できること）」、「Must（やるべきこと）」の3つが重なる領域を探すのが良いとする理論である。
- 「Will（やりたいこと）」が見つからない場合は、「Can（できること）」や「Must（やるべきこと）」から考えてみるのも良いが、実際に働く時にはWill-Can-Mustのバランスが重要である。
- プランド・ハップンスタンス理論（計画的偶発性理論）は、キャリアのほとんどは予期しない偶発的なものから生み出される、しかし私たちはその偶然を活かして自分のキャリアを切り開いていくことができると考える理論である。
- プランド・ハップンスタンス理論（計画的偶発性理論）は、将来の予測が立ちにくい時代においても好奇心、持続性、柔軟性、楽観性、冒険心の5つのスキルを磨くことで予期せぬ偶然の出来事をチャンスに変えていくことができるという理論で、変化が激しく、将来が見えない現代社会にマッチする理論だと言える。

コラム2

　近年「IKIGAI」と呼ばれる概念が、国外で注目を集めています。「IKIGAI」は日本語の「生き甲斐」のことで、2008 年に、Dan Buettner（1960 年～）が National Geographic から出版した『The Blue Zones: Lessons for Living Longer From the People Who've Lived』という書籍により国外で注目されるようになりました。この書籍の中で、世界の長寿地域（ブルーゾーン）の一つである沖縄の人々の長寿の秘訣が「生き甲斐（IKIGAI）」であると紹介されたことから、この言葉が海外で知られるようになりました。

図表2.4 IKIGAI

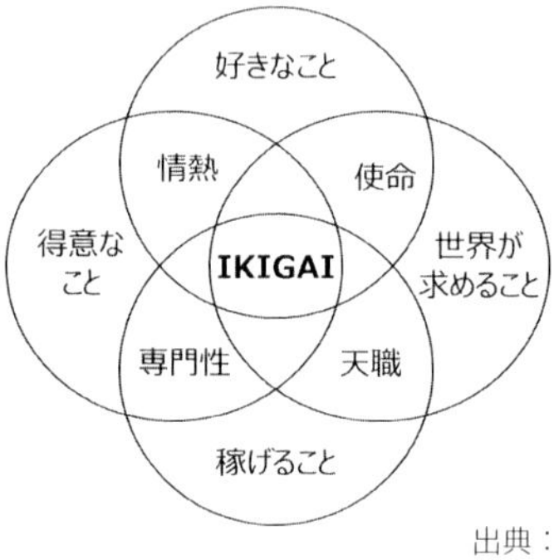

出典：Lešnik, J. (n.d.) を筆者にて訳

　IKIGAI は人生の目的であり、人生を持続可能にするもの（茂木, 2018）でもあります。IKIGAI を持っている限り、人は、人生の困難な時期を何とか切り抜けていくことができると言われています。ぜひ皆さんもじっくりと、自分の IKIGAI となるような職業や活動を見つけてください。

次回までの課題

①本章で紹介したキャリアデザインの理論のうち印象に残った理論を1つ選び、その内容を300文字程度で要約してください。

②①で選んだ理論を、今後自分のキャリアデザインにどのように活かしていきたいかを考察し、300文字程度でまとめてください。

引用・参考文献

Law, B. & Watts, A. G. (1977). *Schools, Careers and Community: A study of some approaches to careers education in schools.* London, UK: Church Information Office.

Law, B. & Watts, A. G. (2003). *The DOTS Analysis: Original version.* http://hihohiho.com/memory/cafdots.pdf（最終閲覧日：2023 年 1 月 25 日）.

Lešnik, J. (n.d.). *Linking Spa and wellness practice with theory: The case of Ikigai?.* https://www.femteconline.org/WESKILL/PAPERS/211208JL-Ikigai.pdf（最終閲覧日：2022 年 10 月 20 日）

Watts, A. G. (2006). *Career development learning and employability.* https://www.qualityresearchinternational.com/esecttools/esectpubs/watts%20career.pdf（最終閲覧日：2022 年 10 月 18 日）

Mitchell, K.E., Levin, A.S. & Krumboltz, J.D. (1999). Planned happenstance: constructing unexpected career opportunities, *Journal of Counselling & Development*, 77, pp.115–124.

Buettner, D. (2008). *The Blue Zones: Lessons for Living Longer From the People Who've Lived the Longest*, National Geographic.

株式会社リクルートキャリア（2019）リクルートの人事評価の仕組みを無料で提供：「リクナビ HRTech 評価管理」提供開始. https://www.recruit.co.jp/newsroom/recruitcareer/news/20190319.pdf（最終閲覧日：2022 年 10 月 18 日）

新目真紀（2016）シャインの組織内キャリア発達理論, 職業相談場面におけるキャリア理論及びカウンセリング理論の活用・普及に関する文献調査, JILPT 資料シリーズNo.165, 70-72.

伊藤敬太郎（2019）これからのVUCA Worldは多様性を生かした全員参加型社会に, Career Guidance, 427, 別冊付録. https://souken.shingakunet.com/publication/.assets/2019_cg427_f2.pdf（最終閲覧日：2022 年 10 月 18 日）

外務省ウェブサイト　SDGsとは？.
　https://www.mofa.go.jp/mofaj/gaiko/oda/sdgs/about/index.html（最
　終閲覧日：2022年10月18日）
田澤実（2018）キャリアプランニングの視点 "Will, Can, Must" は何を根
　拠にしたものか，生涯学習とキャリアデザイン，15（2），33-38.
高橋浩（2016）プランド・ハップンスタンス理論，職業相談場面におけ
　るキャリア理論及びカウンセリング理論の活用・普及に関する文献調
　査，JILPT資料シリーズNo.165，46-47.
日本経済新聞社（2018）優秀な人材どう探す？──ＮＴＴデータ採用担
　当部長髭直樹氏、学生の成長、長期に観察（曽和利光の就活ホンネ対
　談），日経産業新聞，2018年10月31日，p.16.
日本経済新聞社（2021）テレワークのマネジメント、管理職の心得─部
　下の自律助ける環境づくり、行動プロセスも把握・評価. 流通新聞，
　2021年2月10日，p.3.
村井拓人（2022）アート思考理論を活用したプログラムマネジャーの人
　材開発に関する考察，国際P2M学会誌，16（2），169-189.
茂木健一郎（2018）IKIGAI：日本人だけの長く幸せな人生を送る秘訣，
　新潮社.

第2部

自分に関する情報を集める

第3章

職業選択における価値観

事例 3　自分が本当に大切にしている価値観って何だろう？

　Cさんは国際文化学部の4年生です。大学入学前から外国語に興味があり、大学時代は念願の留学にも行きました。就職活動でも迷うことなく、海外とつながりがある企業を中心に就職活動をすることにしました。

　大手メーカーの海外営業部門、東京にあるオフィス家具メーカーの輸入部門、グローバル人材の育成を掲げている私立大学の職員など、入社後海外とつながりが持てそうな企業・組織を受験していきましたが、Cさんはあることに悩むようになってしまいました。「志望動機が書けない……」

　就職活動では必ず、なぜこの企業を受けようと思ったのか、この企業に入社したらどんなことをしたいのかという内容を、履歴書に書いたり面接で話したりしなければなりません。「どの企業も自分が希望する海外とのつながりを持った企業のはずなのに……。」焦りがつのります。

　困ったCさんは大学のキャリアセンターに相談に行きました。Cさんの話を聞いてキャリアセンターの人はこう言いました。「今受けている企業はすべて、入社後海外とのつながりが持てそうだよね？でもいざとなると志望動機が書けないということは、何か気になる部分があるのではないですか？」

　そう言われたCさん、実は心当たりがありました。「そうなんです。どの企業も勤務地が地元でないので、そこがずっと気になっていて。それに海外や外国語を学ぶことは好きだけど、営業や輸入や人材育成ってピンとこなくて……」「ということは、Cさんが就職において最も重視する点は、海外とのつながりよりも地元で働く、ということになりそうですね」

　「地元で働く……」ずっと海外をキーワードにしてきたCさんにとって「地元で働く」というキーワードは思ってもみないものでした。でも確かに、これまで受けてきた企業はすべて勤務地の面でとても不安があり、一歩踏み出せないままでいたのです。

　自分が本当に大切にしている価値観がわかったCさん。心機一転、地元で働くことをキーワードに就活の再スタートを切りました。

3-1 キャリア・アンカー

就職だけでなく、大学生活や卒業後の生活においても、自分自身が本当に大切に思っていることや自分の考えの根底にある価値観を認識することは非常に大切なことです。本章ではこの価値観を「キャリア・アンカー」という概念を用いて分析していきます。

キャリア・アンカーとは、エドガー・H・シャインが開発した概念です。
シャインは MIT（マサチューセッツ工科大学）のビジネス・スクール同窓生 44 人を対象として、在学中から卒業後も継続的に調査し、一貫性のあるパターンを見いだしました。それは、

> "彼らは、自分に適していない仕事についたとき、自分にもっと適しているなにかに「引き戻されている」というイメージについて話した"
>
> シャイン（2003）, p.25

ということです。そこでシャインはこれを錨（いかり、アンカー）にたとえることにしました。

その後、キャリアのいろいろな段階にいる数百人の人に実施した経歴に関するインタビューをもとに検討したところ、**キャリア・アンカーには次の 8 つのカテゴリーがある**ことが明確になってきました。

- 専門・職能別コンピタンス
- 全般管理コンピタンス
- 自律・独立
- 保障・安定
- 起業家的創造性
- 奉仕・社会貢献
- 純粋な挑戦
- 生活様式

3-2 キャリア・アンカーの8つのカテゴリー

　シャイン（2003）によれば、それぞれのキャリア・アンカーには下記の特徴があります。

専門・職能別コンピタンス (TF)

　自分の才能を発揮し、専門家（エキスパート）であることを自覚して満足感を覚えます。自分の仕事の内容、つまり自分が得意としている専門分野や職能分野と関連付けて自分のアイデンティティ感を形成し、その分野でさらに高い能力を身につけていきます。

全般管理コンピタンス (GM)

　経営管理そのものに関心を持ち、ゼネラル・マネジャーに求められるコンピタンス（有能さ）を身につけていることにも気づきます。組織の階段をのぼり、責任ある地位につきたいという強い願望を抱いています。喜びややる気を高めるのは、企業内の昇進のハシゴをのぼり、リーダーシップを発揮し、所属する組織の成功に貢献し、その結果高い収入を得ることです。

自律・独立 (AU)

　ごく当たり前の規則や手順、作業時間、服装規定や諸々の規範に束縛されることが我慢ならない、と思う人です。どんな仕事に従事しているときでも自分のやり方、自分のペース、自分の納得する仕事標準を最も優先させます。そこで、自分の望む条件に合う、企業からは独立したキャリアを指向します。

保障・安定 (SE)

　安全で確実と感じられ、将来の出来事を予測することができ、しかもうまくいっていると知りつつゆったりとした気持ちで仕事ができ、そんなキャリアを送りたいという欲求を最優先させます。定年までの職務への終身雇用がしっかりしている組織、不況でもレイオフしないことで有

名な組織、退職時の諸制度が整い、安定していて頼りにできるというイメージのある組織で仕事を探すことが多いでしょう。

起業家的創造性 (EC)

新しい製品や新しいサービスを開発したり、財務上の工夫で新しい組織をつくったり、現存する事業を買収し再編して新しい事業を起こす欲求をかなり早い時期からほかの何よりも強く意識しています。ほかのアンカーと違うのは、自分が新しい事業を起こすことができるということを、とにかく試してみたいという熱い思いに取りつかれている点です。

奉仕・社会貢献 (SV)

なんらかのかたちで世の中をもっと良くしたいという欲求に基づいてキャリアを選択します。自分の実際の才能や専門分野よりも、価値観によって方向づけられています。医療、看護、社会福祉事業、教育、聖職など、人を助ける専門職はこのキャリア・アンカーをもっていると判断されることが多いようです。

純粋な挑戦 (CH)

自分のキャリアの特徴は、何事にも、あるいは誰にでも打ち勝つことができるということを自覚しているところにあるというアンカーの人です。彼らが定義する「成功」は、不可能と思えるような障害を克服すること、解決不能と思われてきた問題を解決すること、極めて手ごわい相手に勝つことです。

生活様式 (LS)

生活様式全体を調和させることを重視する人です。私的な生活と職業生活のバランスを重視するといっただけの意味ではなく、個人のニーズと家族のニーズ、キャリアのニーズをうまく統合させる方法を見いだしたいと考えています。組織のために働くことに非常に前向きですが、その際に、組織に自分の時間の都合に合わせた働き方が選択できるという

条件をだします。

3-3　キャリア・アンカーはどのように形成されるのか

　では、キャリア・アンカーはどのように形成されるのでしょうか。シャイン（2003）によれば、人は仕事の経験を重ねるにしたがって、選択の機会に遭遇します。**いくつかの選択を通じて、本当に大切だと思うものを確認し始め、各個人にとって中心となるテーマが表れてきます。**個人が活用したいと考える大事な技能や能力、人生の方向づけを支配する重要な動機や価値観がはっきりしてきます。

　仕事の経験やフィードバックを積み重ねることによって、自己の内側が明確になり洞察が進みます。こうなると自己概念は、キャリア選択の指針、またはキャリアを方向づけるアンカーとしてどんどん機能しはじめるようになっていきます。アンカーを知ることによって人は、航路から外れたとき引き戻されるところ、自分が本当にやりたいことをよく考えるための拠り所、あるいは自分自身の拠り所としてアンカーを参照するようになっていくのです。**キャリア・アンカーは自己概念の一要素ですが、どんなに難しい選択を迫られたときでも放棄することのない自己概念**だとされています。

　では、皆さんが就職活動や転職活動を行う上で、このキャリア・アンカーをどのように活用すれば良いのでしょうか。この点についてシャイン（2003）は「キャリア発達の究極の目的は**個人の欲求を組織の要望に適合させることにある**」と述べています。つまり、皆さんは**就職活動の際に、自分の価値観とマッチした企業や職場、仕事を選ぶことが大切**だということです。

　ただし、シャイン（2003）は同時に、この**マッチング過程はとても複雑**であるとも指摘しています。なぜなら、**個人はそれぞれ異なっていると同時に組織もみな異なっており、組織の要望も、環境の変化に伴って変化する**からです。

そこで、自分自身のキャリア・アンカーを定期的に診断するとともに、社会に出たときには、**それを周囲の人や雇用される企業、上司と共有することが大切になってきます。お互いのニーズが調和されるような環境を自ら作っていく**ことが重要です。

3-4 キャリア・アンカーの自己診断

ではここで、シャイン（2003）に掲載されている自己診断用キャリア志向質問票を用いて、皆さんのキャリア・アンカーを診断してみましょう。

次ページから 40 項目の質問があります。その一つひとつについて、その項目が自分自身にとってどの程度ぴったり当てはまるかを、1 から 6 の間の数字で記入してください。数字が高いほど、その項目が自分によく当てはまることを意味します。1 から 6 の数字については以下を目安にしてください。

- 全然そう思わない…………………1
- そう思うこともたまにある……2 または 3
- よくそう思う…………………4 または 5
- いつもそう思う………………6

それぞれの質問に対する回答は、質問の後ろに掲載している集計表に記載していってください。

なお、質問内容によっては仕事経験のない人には回答が難しい項目もあるかもしれませんが、その場合は、アルバイトやインターンシップ、クラブ活動での仕事など、これまでの似た経験に代替して考えてみてください。また将来自分が企業や地域で活躍している姿を思い浮かべながら考えてみても良いでしょう。

1. 「このことならあのひとに聞け」と絶えず専門家としてのアドバイスを求められる分野でうまくやっていくことをめざす。

2. 他の人びとのやる気をまとめあげ、チームをマネジメントすることによって大きな成果を上げることができたときに、最も大きな充実感を仕事に感じる。

3. 自分のやり方、自分のスケジュールどおりに、自由に仕事ができるようなキャリアをめざす。

4. 自由や自律を勝ち取るよりも、将来の保障や安定を得ることが、自分にとってはより重要なことだ。

5. 常に自分の事業を起こすことができそうなアイデアを探している。

6. 社会に本当に貢献できていると感じられるときにこそ、キャリアがうまくいきそうだと感じる。

7. 難題を解決したり、とてつもない挑戦課題にみまわれた状況を打破したりできるようなキャリアをめざす。

8. 家族とともに楽しみにしていることが犠牲になってしまう仕事に異動させられるぐらいなら、その組織をやめた方がましだ。

9. キャリアを通じて専門技能や職能分野の技能をすごく高度に磨きあげることができるならキャリアがうまくいきそうだと感じる。

10. 複雑な組織を率い、大勢の人びとを左右する意思決定を自分で下すような立場をめざす。

11. どのような課題をどのような日程と手順でおこなうのか、について自分の思いどおりになるとき、最も大きな充実感を仕事に感じる。

12. 安定した職務保障もなしに仕事に配属させられるくらいなら、すっぱりとその組織を離れるだろう。

13. 他人の経営する組織でマネジャーとして高い職位につくよりも、むしろ自分の事業を起こすことを重視する。

14. キャリアを通じて、他の人びとのために自分の才能を役立てることができたときに、最も大きな充実感を自分のキャリアに感じる。

15. 非常に難しい挑戦課題に直面し、それを克服できたときにこそ、キャリアがうまくいきそうだと感じる。

16. 自分が家族がらみで望んでいることと、仕事から要請されることととがうまく両立できるキャリアをめざす。

17. ゼネラル・マネジャー（部門長）になるよりも、自分の専門職能分野で上級マネジャーになる方が、より魅力的に感じられる。

18. 何らかの組織でゼネラル・マネジャー（部門長）の立場で仕事をするときにこそ、キャリアがうまくいきそうだと感じる。

19. 完全な自律や自由を獲得したときにこそ、キャリアがうまくいきそうだと感じる。

20. 将来が安定していて安心感のもてる企業での仕事を求めている。

21. 自分自身のアイデアと努力だけによって何かを創り上げたときに、最も大きな充実感を自分のキャリアに感じる。

22. マネジャーとして高い職位につくことよりも、自分の技能を生かして少しでも世の中を住みやすく働きやすくする方が、もっと大切だと思う。

23. 一見解決不可能と思われた問題を解決したり、どうにもならないような局面を打開したとき、最も大きな充実感を自分のキャリアに感じる。

24. 自分の個人的な要望、家族からの要望、キャリアに求められることをうまくバランスさせることができたときにこそ、キャリアがうまくいきそうだと感じる。

25. 自分の専門領域からはずれてしまうような人事異動をローテーションとして受け入れるくらいなら、むしろその組織をやめる。

26. 今の自分の専門職能領域で上級マネジャーになるよりも、ゼネラル・マネジャー（部門長）として仕事をする方が魅力的だと思う。

27. 将来が保障された安心なことよりも、規則や規制にしばられず、自分のやりたいように仕事できるチャンスが大切だと思う。

28. 収入面、雇用面で完全に保障されていると感じられるときに、最も大きな充実感を仕事に感じる。

29. 自分自身の生み出した製品やアイデアで何かを創り出し、軌道にのせたときこそ、キャリアがうまくいきそうだと感じる。

30. 人類や社会にほんとうの貢献ができるキャリアをめざす。
31. 自分の問題解決能力、競争に打ち勝つ能力をフルに生かせる挑戦機会を求めている。
32. マネジャーとして高い地位につくことよりも、自分の個人的な生活と仕事生活の両方をうまくバランスさせるほうが大切だと思う。
33. 自分独特の技能や才能を活用できたときに、最も大きな充実感を仕事に感じる。
34. ゼネラル・マネジャー（部門長）になるコースから外れてしまいそうな仕事をやらされるくらいなら、そんな組織はやめてしまう。
35. 自立して自由に行動できないような仕事につくくらいなら、そんな組織はやめてしまう。
36. 将来が保障され安心感をもって仕事に取り組めるようなキャリアをめざす。
37. 自分自身の事業を起こし、それを軌道にのせることをめざす。
38. 他の人びとの役に立つために能力を発揮することができないような配属を拝受するぐらいなら、その組織をやめたいと思う。
39. ほとんど解決できそうもない問題に挑戦できるということは、マネジャーとして高い地位につくことよりももっと大切である。
40. 自分個人や家族の関心事にあまりマイナスの影響がないような仕事の機会をいつも求めている。

集計表

カテゴリー	TF	GM	AU	SE	EC	SV	CH	LS
質問項目	1	2	3	4	5	6	7	8
	9	10	11	12	13	14	15	16
	17	18	19	20	21	22	23	24
	25	26	27	28	29	30	31	32
	33	34	35	36	37	38	39	40
合計								
	÷5	÷5	÷5	÷5	÷5	÷5	÷5	÷5
平均点								

集計方法
1. 一通り回答し終わったら、自分の回答全体を眺めて最も高い点数を
   つけた項目がどこにあるかをチェックしてください。さらにその中
   から、**自分に一番ピッタリする項目を3つ選び、それぞれについて
   4点を加点してください。**
2. 上記作業が完了したら、集計表を縦向きに合計してください。
3. 合計が出たら、その数字を5（項目数）で割って、8つのキャリア・
   アンカーの各次元の平均値を計算します。（合計点を出し平均点を
   計算するまえに、40項目の中で自分にピッタリだと思う3項目に4
   点を加点したことを再度確認してください）
4. 出てきた平均点は、8つのキャリア・アンカーに対してどの程度あ
   なたが当てはまるかということに対する自己評価の結果です。

質問項目・集計表・集計方法　出典：シャイン（2003）

3-5　キャリア・アンカー・インタビュー

　皆さんのキャリア・アンカーをより明確にしていく次のステップとし
て、ペアになり、過去、現在、未来のキャリアに関わる出来事（キャリア・
イベント）をお互いにインタビューしましょう。

　シャイン（2003）は、これまでの重要な決定一つひとつについて、あ
なたがなぜそのように決定し行為に至ったのか、また、その決定や行為
についてどう感じていたのかを探ることが大切だと述べています。**イン
タビューを通じて、これまで選択をしてきた仕方のパターンや選択理由
を順に構成しなおすことができます。インタビューを通じて注目すべき
はこの「パターン」です。**

　質問項目は下記の通りです。

1. 大学入学時について
   • あなたはなぜこの大学を選びましたか。

- 大学では何を専攻していますか。
- なぜその分野を選んだのですか。
- この分野を選んだことについて、現在どう思っていますか。

2．人生の節目について

- これまでのあなたの人生を振り返ってみて、何か大きな節目となった時点、つまり過去に慣れ親しんだことを超えるような変化をくぐった時期がありましたか。
- それはどんな節目でしたか。それはどのようにして起こりましたか。それを起こしたのは誰でしたか。
- あなたはその節目についてどんなふうに感じましたか。

3．これからのキャリアについて

- あなたが最初につく仕事はどんなものだと思いますか。またそう思う理由はなんですか。
- あなたがこれから 10 年間の間で、最も得たいと思うものはなんですか。
- あなたが自分自身のキャリアで、特に大事にしようとしているものはなんですか。

　さて、インタビュー全体を通じて、自分のこれまでの選択から見えてきた「パターン」や「テーマ」はありましたか。また、キャリア指向質問票から見えてきたキャリア・アンカーとの相違点はどのくらいありましたか。

　キャリア指向質問票とインタビューの結果を合わせて、インタビューのパートナーと一緒に、最終的なキャリア・アンカーを決定していきましょう。

　キャリア・アンカーがわかった後、次に何をすべきでしょうか。シャイン（2003）は下記の5つをあげています。

1．自分自身についてさらに深く学ぶための方法を学ぶ。
2．自分の現在の職務（もしくは希望している職務）を分析する。
3．将来の計画を考える。
4．あなたの欲求について人にも伝える。
5．自分自身でキャリアを積極的に管理できるようになる。

　これらについては、引き続き、次章以降で学んでいきましょう。

　※ 3-5に記載してたインタビューの質問項目は、シャイン（2003）を、
　　筆者にて大学での授業を前提とした形式に変更（簡素化）したもの
　　です。

◆第3章のまとめ◆

- キャリア・アンカーとは、エドガー・H・シャインが開発した概念である。
- キャリア・アンカーには8つのカテゴリーがある。
- いくつかの選択を通じて、人は、本当に大切だと思うものを確認し始め、各個人にとって中心となるテーマが表れてくる。さらに、仕事の経験やフィードバックを積み重ねることによって、自己の内側が明確になり洞察が進む。
- キャリア・アンカーは人の自己概念の一要素であるが、どんなに難しい選択を迫られたときでも放棄することのない自己概念だとされている。
- キャリアを考える際には、個人の欲求を組織の要望に適合させることが重要である。つまり、自分の価値観とマッチした企業や職場、仕事を選ぶことが大切である。
- ただし同時に、このマッチング過程はとても複雑である。なぜなら個人はそれぞれ異なっていると同時に、組織もみな異なっており、かつ、組織の要望も環境の変化に伴って変化するからである。
- このマッチングに責任を持つのは個人、所属している組織（企業など）、大学や官公庁などの機関である。
- （就職したのちは、）自分のキャリア・アンカーを知り、それを周囲の人や雇用される企業、上司と共有することで、お互いのニーズが調和されるような環境を自ら作っていくことが重要である。
- キャリア・アンカー・インタビューを通じて、これまで選択してきた仕方のパターンや選択理由を順に構成しなおすことができる。インタビューを通じて注目すべきはこの「パターン」である。

コラム *3*

　本章で紹介したキャリア・アンカーは、長い職業人生を通じて生涯変わらないものなのでしょうか。それとも、年を重ねたり、自分を取り巻く環境の変化に応じて変わるものなのでしょうか。金井（2010）に、キャリア・アンカーの開発者であるシャインとの以下のようなやり取りが記載されています。

"自分のキャリア・アンカーは変わったと著者自身が実感した中年移行期に、ボストン郊外のケープコッドで久々にシャインのセミナーを受けた。「キャリア・アンカーは変わらないと書かれているが変わりました」と言うと、「それは変わったのではない、ほんとうの自分に気づいたのだ」と返答された。"

金井（2010），p.5

　皆さんもぜひ、大学時代だけでなく、キャリアの節目節目でこのキャリア・アンカーの診断をやってみてください。仕事や家庭、地域での様々な経験を経た 30 代、40 代になって、それまで気づかなかった新しい自分の価値観を発見できるかもしれません。

次回までの課題

①「自己診断用キャリア志向質問票」を使って、自分のキャリア・アンカーを診断してみましょう。

②自分の診断結果を、これまでの自分自身の「選択（大学選び、専攻選び、学業以外の活動選びなど）」と照らし合わせてどう感じるかを考察し、200 文字程度でまとめてください。

③自分が現段階で希望している職業や業界、企業が求める人材像を調べたうえで、自身のキャリア・アンカーとマッチしているかどうかを考察し、300 文字程度でまとめてください。

引用・参考文献

Schein, E. (1990). *Career Anchors and Job/Role Planning: the Links between Career Pathing and Career Development*, https://dspace.mit.edu/handle/1721.1/2315（最終閲覧日：2022 年 10 月 15 日）

エドガー・H. シャイン（金井寿宏翻訳）（2003）キャリア・アンカー：自分のほんとうの価値を発見しよう，白桃書房.

エドガー・H. シャイン（二村敏子・三善勝代翻訳）（1991）キャリア・ダイナミクス—キャリアとは，生涯を通しての人間の生き方・表現である，白桃書房.

金井寿宏（2010）キャリアの学説と学説のキャリア，日本労働研究雑誌 52 (10), 4-15.

第4章

社会で役立つ自分の強み

事例 *4* 社会が求めるものと学生の実態とのギャップ

　Dさんは経済学部の4年生です。目立つタイプではありませんが、小さいころから成績優秀で、コツコツと努力できることが強みです。大学入学後も成績は常にトップクラスでした。実家から片道1時間半かけて通学していましたが、通学時間も勉強し成績上位を維持していました。

　Dさんの父親は教師でした。朝早くに学校に行き夜遅くに帰ってくる、とても忙しい父でしたが、安定した収入を得て自分を含めた3人の子供をしっかりと養ってくれる父親に対して、小さいころから感謝と尊敬の気持ちを抱いていました。母親は専業主婦で、いつもDさんに「あなたもお父さんのように教師か公務員になりなさい」と言っていました。そんな母の影響とは思いたくないところもありますが、Dさんは自分でも、真面目で成績が良いという自分の強みは公務員に向いているだろうと思っていました。

　公務員になると決めたDさんは、3年生の前期から大学の公務員採用試験対策講座に通い、いよいよ採用試験のシーズンを迎えました。第一志望は地元の県庁です。一次の筆記試験には何なく合格しましたが、なんと二次の面接試験で不合格になってしまったのです。さらに、その後受けた市役所も面接試験で不合格になりました。

　面接では、「あなたが学生時代に一番力を入れてきたことは何ですか？」と聞かれ「学業と公務員試験の勉強です」と答えました。また、「あなたの強みは何ですか？」と聞かれ、「公務員に関しての書籍をたくさん読んだので、公務員の仕事についてたくさんの知識があることです」と答えました。「なぜ公務員になりたいのですか？」と聞かれ、「安定した収入を得て家族をしっかりと養えるからです」と答えました。

　自分としては、面接の際に面接官の質問にもきちんと答えることができましたし、自分のやってきたことや強みをアピールできたという手ごたえがありました。しかし、結局、すべての面接試験で不合格になってしまったのです。

　「どうして不合格になってしまったのだろう……。」Dさんは一人途方に暮れてしまいました。

4-1 社会で活躍する人に求められる力

　第1章の最後で社会においては「主体性」が求められることを説明しましたが、それ以外に、社会に出て活躍するためにはどのような力が必要となるのでしょうか。

　図表4.1を見てください。これは経済産業省が実施した調査をベネッセ教育総合研究所（2011）がわかりやすくまとめたものです。ベネッセ教育総合研究所（2011）によれば、企業が学生に不足を感じている力は「主体性」「コミュニケーション力」「粘り強さ」などとなっています。一方、学生は、自分に不足している力として語学力や業界の専門知識を挙げており、「企業が学生に対して不足を感じる力」に対する学生自身の不足感は企業評価を大きく下回っています。つまり、**企業が学生に求めている力と、学生が自分自身に不足を感じて高めようとしている力にはギャップがある**ということがわかります。

図表4.1 企業が学生に不足していると思う能力要素
学生自身が自分に不足していると思う能力要素

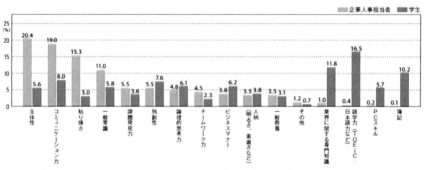

出典／経済産業省「大学生の『社会人観』の把握と『社会人基礎力』の認知度向上実証に関する調査」を基に編集部で作成
調査対象／企業：全国の企業人事採用担当者1,179人　大学生：全国の大学・修士課程・博士課程の日本人学生1,598人

出典：ベネッセ教育総合研究所（2011）

　企業が学生に不足を感じている力は「主体性」「コミュニケーション力」「粘り強さ」などであることはわかりました。しかし、皆さんが学生時代に身に付けるべき力はこれだけで良いのでしょうか。

4-2　社会人基礎力

　社会で活躍するうえで必要な基礎力を体系的にまとめたものの一つに
「社会人基礎力」があります。「社会人基礎力」とは、「前に踏み出す力」、
「考え抜く力」、「チームで働く力」の3つの能力（12の能力要素）から構
成されており、「職場や地域社会で多様な人々と仕事をしていくために
必要な基礎的な力」として、経済産業省が2006年から提唱しているも
のです（図表4.2）。

図表4.2 社会人基礎力とは

「社会人基礎力」とは

> 平成18年2月、経済産業省では産学の有識者による委員会（座長：諏訪康雄法政大学大学院教授）にて
> 「職場や地域社会で多様な人々と仕事をしていくために必要な基礎的な力」を下記3つの能力
> （12の能力要素）から成る「社会人基礎力」として定義づけ。

＜3つの能力／12の能力要素＞

前に踏み出す力（アクション）
～一歩前に踏み出し、失敗しても粘り強く取り組む力～

主体性	物事に進んで取り組む力
働きかけ力	他人に働きかけ巻き込む力
実行力	目的を設定し確実に行動する力

考え抜く力（シンキング）
～疑問を持ち、考え抜く力～

課題発見力	現状を分析し目的や課題を明らかにする力
計画力	課題の解決に向けたプロセスを明らかにし準備する力
創造力	新しい価値を生み出す力

チームで働く力（チームワーク）
～多様な人々とともに、目標に向けて協力する力～

発信力	自分の意見をわかりやすく伝える力
傾聴力	相手の意見を丁寧に聴く力
柔軟性	意見の違いや立場の違いを理解する力
情況把握力	自分と周囲の人々や物事との関係性を理解する力
規律性	社会のルールや人との約束を守る力
ストレスコントロール力	ストレスの発生源に対応する力

出典：経済産業省ウェブサイト

　また、社会人基礎力は、皆さんがこれまでに学校や大学等で身につけ
てきた「基礎学力」や「専門知識」をうまく活用していくための力である
ともされています。それを図に表したのが図表4.3です。

図表4.3 能力の全体像

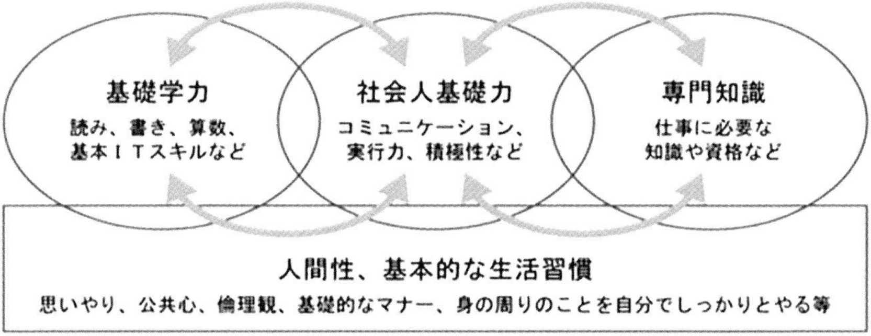

それぞれの能力の育成については、小・中学校段階では基礎学力が重視され、高等教育段階では専門知識が重視されるなど、成長段階に応じた対応が必要となる

出典：ベネッセ教育総合研究所（2007）

　さて、社会人基礎力には「主体性」も含まれていますが、それ以外にも11の能力要素が記載されています。しかし、たとえば、どのような行動をとると「主体性」があると企業の方から評価していただけるのでしょうか。第1章のコラム1でも少し説明しましたが、もう少し詳しく見てみましょう。

　ここでは、厚生労働省（n.d.）によるチェックシートを参考に、社会人基礎力のそれぞれの能力要素について自己診断してみましょう。

A．前に踏み出す力

A1：主体性（物事に進んで取り組む力）

・自分の知らない事柄に出くわしたら自ら尋ねるか調べる

・皆が嫌がる作業でも必要ならば率先してやる

・自分に課せられた役割・作業はベストを尽くして取り組む

・未経験のことは成長のチャンスだと考えて挑戦する

・同席した行事の準備・片付けは誰かに頼まれなくても手伝う

A2：働きかけ力（他人に働きかけ巻き込む力）

・職場などで初対面の人がいたら自分から話しかける

・自分の考えた方法が上手く行かない時、周囲に教えを乞える
・一人でやりきれない課題の場合、他人に協力を依頼できる
・目標達成（成功）のために周囲の人の協力を得たことがある
・仲間との旅行やイベント企画を立てて実現させたことがある

A3：実行力（目標を設定し確実に行動する力）

・作業をする際には目標時間を設定して達成を目指す
・翌日どのような仕事をするか計画を立てて前日を終える
・何か目標を立てる際には、必ず何か数字を入れて考えている
・未経験の仕事・作業は最終ゴールを理解して予定を逆算する
・最初に立てた予定が狂ったら軌道修正してでもやり遂げる

Ｂ．考え抜く力

B1：課題発見力（現状を分析し目的や課題を明らかにする力）

・不満を感じる時には、その原因を探り考える
・日々の中で同じ作業を行う際には少しでも改善点を考える
・仕事や作業が自分の考えた工夫で効率 UP したことがある
・機械にトラブルがあった場合、原因を考えてから対応する
・上手く行かないことの原因を見つけて改善したことがある

B2：計画力（課題の解決に向けたプロセスを明らかにし準備する力）

・イベント等を企画・計画して無事に開催させたことがある
・何かを計画する際、常に if を考えるようにしている
・何かを行う際の手順やアイデアは複数考えるようにしている
・何かを行う際、複数の考えの中からベストを考えて行う
・計画を立てる際、物事の優先順位を考えている

B3：創造力（新しい価値を生み出す力）

・クリティカルシンキング[2]を心がけている
・日常の中で、ちょっとした新発明・発見をしたことがある
・自分の「あったらいいなと思うもの」が商品化されたことがある
・他人からユニークと言われたことがある
・理屈でムダと思いつつ、やってみたら心が動いた経験がある

C. チームで働く力

C1：発信力（自分の意見をわかりやすく伝える力）

・発言の際、要点や話の順番を整理して簡潔に発言している
・相手の理解度を確かめつつ話をしている
・相手の立場や人権などに配慮して発言する
・意見が対立しないような言い方を考えて発言している
・大勢の中でも言うべき意見は言うことができる

C2：傾聴力（相手の意見を丁寧に聴く力）

・話を聞く際、相手の気持ちや考えを汲み取る努力をしている
・話を聞く際、ノンバーバールスキル[3]を十分に使っている
・あまり興味のない話でも、適当に質問をしたりできる
・対立した意見でも直ぐに反論したりはしない
・話を聞く際、その人の背景や立場も踏まえて聞く

C3：柔軟性（意見の違いや立場の違いを理解する力）

・意見の異なる人とは、どんな背景の差があるのかを考える
・嫌いな人の意見でも良い点は認めて取り入れる
・立場の異なる人ならばどんな意見を出すか仮説を立てる
・謙虚さを持ち他者の良い点は取り入れるようにしている

---

2 批判的思考法とも言われる。より良い解決方法のために建設的でありつつ批判的な思考で物事を見ること。
3 アイコンタクト、頷き、相づち等、言葉以外のコミュニケーションスキル。

・一度決めたことでも状況により臨機応変さを大切にしている

C4：状況把握力（自分と周囲の人々や物事との関係性を理解する力）

・自分の置かれた立場や状況を常にわきまえて行動する
・自分の立場から求められる役割を意識して行動している
・相手との関係性を理解して適切な言葉遣いや行動をする
・周囲の人の立場や役割を意識して行動している
・トラブルがあった際、冷静に情報収集し適切に判断できる

C5：規律性（社会のルールや人との約束を守る力）

・社会ルールの第一歩として元気な挨拶を実行している
・時間は1分でも遅刻だと理解し5分前行動を心がけている
・時間や締め切りに間に合わない場合、事前に連絡している
・約束した予定は必ず守る
・組織の指揮命令系統を理解して行動している

C6：ストレス・コントロール力（ストレスの発生源に対応する力）

・自分にとってストレスを感じる状況や環境を理解している
・自分なりのストレス対応方法を持っている
・成長のために適度なストレスを受ける仕事に挑戦する
・どうでもいいことは適当にやり過ごす
・ストレスの発生源を改善・解決したことがある

出典：厚生労働省（n, d）を筆者にて一部修正

　いかがでしょうか。どれも自分の普段の行動に当てはまるという能力要素もあれば、あまりできていないと感じる能力要素もあるかと思います。どれも自分の普段の行動に当てはまるという能力要素は、現段階での皆さんの強みと考えられますので、これからもその強みを伸ばしていくと良いでしょう。

4-3 人生100年時代の社会人基礎力

　さて、先ほどご紹介した社会人基礎力に関連して、同じく経済産業省が2018年に、人生100年時代の社会人基礎力として「新・社会人基礎力」を提唱しました。それが図表4.4です。

図表4.4　新・社会人基礎力

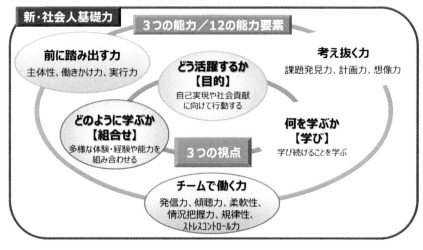

　「新・社会人基礎力」はこれまで以上に長くなる個人と企業・組織・社会との関わりの中で、ライフステージの各段階で活躍し続けるために求められる力（経済産業省, 2018）と定義され、社会人基礎力の3つの能力、12の能力要素を内容としつつ、能力を発揮するにあたって、目的、学び、組合せのバランスを図ることが、自らキャリアを切りひらいていく上で必要とされています。このことから、これからの時代において個人は、社会人になってからも、自分の仕事で必要な知識やスキル、さらには自分の人生を充実させるための学びを継続していく力を求められていることが分かります。

4-4　どうすれば将来のキャリアは安定するのか

　皆さんがこれからの社会で活躍するために必要な力については理解できたと思います。それでは将来、皆さんを取り巻く仕事環境はどのように変化していくのでしょうか。野村総合研究所（2015）によると、当時の日本の労働人口の約49％の仕事が、技術的にはロボットや人工知能等で代替可能であると推計されました。

図表4.5　人工知能やロボット等による代替可能性が高い労働人口の割合
（日本、英国、米国の比較）

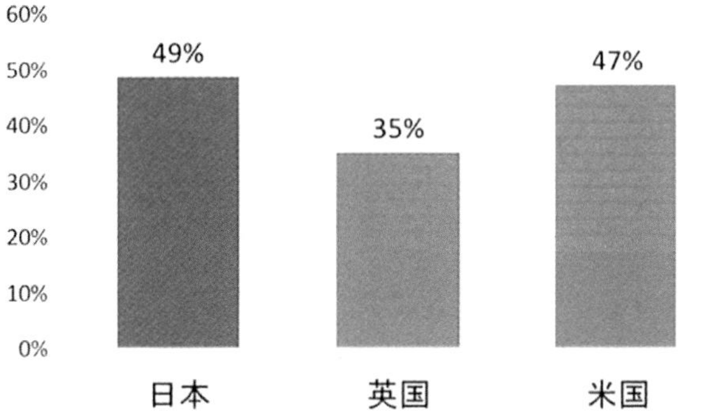

出典：野村総合研究所（2015）

　この研究結果では、芸術・歴史学・考古学、哲学・神学など**抽象的な概念を整理・創出するための知識が要求される職業や他者との協調や他者理解、説得、ネゴシエーション、サービス志向性が求められる職業は、人工知能等での代替は難しい傾向**があるとされています。一方、必ずしも特別な知識・スキルが求められない職業に加え、データの分析や秩序的・体系的操作が求められる職業については、人工知能等で代替できる可能性が高いという傾向があると指摘されました。

　次ページ以降に、この研究において、人工知能やロボット等による代替可能性が高いとされた100の職業、および低いとされた100の職業を示します。（図表4.6、図表4.7）

図表 4.6 人工知能やロボット等による代替可能性が高い 100 種の職業
（50 音順、並びは代替可能性確率とは無関係）

※職業名は、労働政策研究・研修機構「職務構造に関する研究」に対応

ＩＣ生産オペレーター	こん包工	電子計算機保守員（ＩＴ保守員）
一般事務員	サッシ工	電子部品製造工
鋳物工	産業廃棄物収集運搬作業員	電車運転士
医療事務員	紙器製造工	道路パトロール隊員
受付係	自動車組立工	日用品修理ショップ店員
ＡＶ・通信機器組立・修理工	自動車塗装工	バイク便配達員
駅務員	出荷・発送係員	発電員
ＮＣ研削盤工	じんかい収集作業員	非破壊検査員
ＮＣ旋盤工	人事係事務員	ビル施設管理技術者
会計監査係員	新聞配達員	ビル清掃員
加工紙製造工	診療情報管理士	物品購買事務員
貸付係事務員	水産ねり製品製造工	プラスチック製品成形工
学校事務員	スーパー店員	プロセス製版オペレーター
カメラ組立工	生産現場事務員	ボイラーオペレーター
機械木工	製パン工	貿易事務員
寄宿舎・寮・マンション管理人	製粉工	包装作業員
ＣＡＤオペレーター	製本作業員	保管・管理係員
給食調理人	清涼飲料ルートセールス員	保険事務員
教育・研修事務員	石油精製オペレーター	ホテル客室係
行政事務員（国）	セメント生産オペレーター	マシニングセンター・オペレーター
行政事務員（県市町村）	繊維製品検査工	ミシン縫製工
銀行窓口係	倉庫作業員	めっき工
金属加工・金属製品検査工	惣菜製造工	めん類製造工
金属研磨工	測量士	郵便外務員
金属材料製造検査工	宝くじ販売人	郵便事務員
金属熱処理工	タクシー運転者	有料道路料金収受員
金属プレス工	宅配便配達員	レジ係
クリーニング取次店員	鍛造工	列車清掃員
計器組立工	駐車場管理人	レンタカー営業所員
警備員	通関士	路線バス運転者
経理事務員	通信販売受付事務員	
検収・検品係員	積卸作業員	
検針員	データ入力係	
建設作業員	電気通信技術者	
ゴム製品成形工（タイヤ成形を除く）	電算写植オペレーター	

出典：野村総合研究所（2015）

図表4.7 人工知能やロボット等による代替可能性が低い100種の職業
（50音順、並びは代替可能性確率とは無関係）

アートディレクター	児童厚生員	バーテンダー
アウトドアインストラクター	シナリオライター	俳優
アナウンサー	社会学研究者	はり師・きゅう師
アロマセラピスト	社会教育主事	美容師
犬訓練士	社会福祉施設介護職員	評論家
医療ソーシャルワーカー	社会福祉施設指導員	ファッションデザイナー
インテリアコーディネーター	獣医師	フードコーディネーター
インテリアデザイナー	柔道整復師	舞台演出家
映画カメラマン	ジュエリーデザイナー	舞台美術家
映画監督	小学校教員	フラワーデザイナー
エコノミスト	商業カメラマン	フリーライター
音楽教室講師	小児科医	プロデューサー
学芸員	商品開発部員	ペンション経営者
学校カウンセラー	助産師	保育士
観光バスガイド	心理学研究者	放送記者
教育カウンセラー	人類学者	放送ディレクター
クラシック演奏家	スタイリスト	報道カメラマン
グラフィックデザイナー	スポーツインストラクター	法務教官
ケアマネージャー	スポーツライター	マーケティング・リサーチャー
経営コンサルタント	声楽家	マンガ家
芸能マネージャー	精神科医	ミュージシャン
ゲームクリエーター	ソムリエ	メイクアップアーティスト
外科医	大学・短期大学教員	盲・ろう・養護学校教員
言語聴覚士	中学校教員	幼稚園教員
工業デザイナー	中小企業診断士	理学療法士
広告ディレクター	ツアーコンダクター	料理研究家
国際協力専門家	ディスクジョッキー	旅行会社カウンター係
コピーライター	ディスプレイデザイナー	レコードプロデューサー
作業療法士	デスク	レストラン支配人
作詞家	テレビカメラマン	録音エンジニア
作曲家	テレビタレント	
雑誌編集者	図書編集者	
産業カウンセラー	内科医	
産婦人科医	日本語教師	
歯科医師	ネイル・アーティスト	

出典：野村総合研究所（2015）

しかし、図表 4.6 にあげられた職業が本当になくなり、図 4.7 にあげられた職業が本当に残るのか、このことを 100％予測するのは専門家であっても難しいことです。では、予測不能な社会のなかで、どうすれば皆さんのキャリアを安定させることができるのでしょうか。

その答えの一つとして「**エンプロイアビリティを高める**」ことが考えられます。**エンプロイアビリティ（employability）とは、個人における、労働市場のなかで移動できる能力（employ-ability）**のことを表わします（Ronald et al., 2005）。

エンプロイアビリティの具体的な内容のうち、労働者個人の基本的能力としては、以下の 3 つが考えられます（厚生労働省, 2001）。
A　職務遂行に必要となる特定の知識・技能などの顕在的なもの
B　協調性、積極性等、職務遂行に当たり、各個人が保持している思考特性や行動特性に係るもの
C　動機、人柄、性格、信念、価値観等の潜在的な個人的属性に関するもの

上記 3 つを図で表したものが図表 4.8 です。

図表4.8 エンプロイアビリティの能力構造

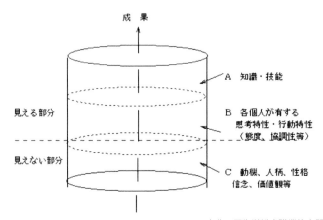

出典：厚生労働省職業能力開発局（2001）

エンプロイアビリティの B は、4-2 で述べた社会人基礎力に近い能力になっていることがわかります。つまり、社会人基礎力に加え、大学で学んだ知識や経験、社会人になって身につけたスキル、さらに、皆さんの仕事に対するモチベーションや人柄が組み合わさることで、エンプロイアビリティが構築されることが分かります。

エンプロイアビリティは日本では、「雇用される能力」、「雇用可能性」等と訳されています（山本, 2012）。皆さんの中にはもちろん将来経営者になったり、個人事業主やフリーランスとして活躍される方もいるかと思いますが、そういった方々も含めて、**社会がどのように変化しても、常に社会から求められる人材になることが、皆さんのキャリアを安定させる一つの手段**だと考えられます。

◆第4章のまとめ◆

- 企業が学生に求めている力と、学生が自分自身に不足を感じ高めようとしている力にはギャップがある。

- 「社会人基礎力」とは、「前に踏み出す力」、「考え抜く力」、「チームで働く力」の3つの能力（12の能力要素）から構成されており、「職場や地域社会で多様な人々と仕事をしていくために必要とされる基礎的な力」として、経済産業省が2006年から提唱しているものである。

- 社会人基礎力は、これまでに学校や大学等で身につけてきた「基礎学力」「専門知識」をうまく活用していくための力でもある。

- 「新・社会人基礎力」は、これまで以上に長くなる個人と企業・組織・社会との関わりの中で、ライフステージの各段階で活躍し続けるために求められる力である。

- 「新・社会人基礎力」においては、社会人基礎力の3つの能力、12の能力要素を内容としつつ、能力を発揮するにあたって、目的、学び、組合せのバランスを図ることが、自らキャリアを切りひらいていく上で必要とされている。

- 抽象的な概念を整理・創出するための知識が要求される職業や他者との協調や他者理解、説得、ネゴシエーション、サービス志向性が求められる職業は、人工知能等での代替は難しい傾向がある。

- エンプロイアビリティとは、「労働市場のなかで移動できる能力」、「雇用される能力」、「雇用可能性」である。

- 社会がどのように変化しても、常に社会から求められる人材になることがキャリアを安定させる一つの手段である。

 コラム *4*

　皆さんの中には、将来日本だけでなく海外でも活躍したいという人もいると思います。そこでWorld Economic Forum（世界経済フォーラム）2020に掲載された2025年までに求められる人材スキルTOP15をご紹介しましょう。

図表4.9 Top 15 skills for 2025

1	分析的思考と革新	9	回復力、ストレス耐性、柔軟性
2	主体的学習と戦略的学習	10	推論、問題解決、アイデア出し
3	複雑な問題の解決能力	11	感情的知性
4	論理的思考と分析力	12	トラブル対応とユーザー体験
5	創造性	13	サービス志向
6	リーダーシップと社会的影響力	14	システム分析と評価
7	テクノロジーの使用・監視・制御	15	説得力と交渉力
8	テクノロジーの設計とプログラミング		

出典：World Economic Forum（2020）を筆者にて訳

　これを見ると、日本で提唱されている社会人基礎力と共通する内容もありますが、一方で、テクノロジーやシステムの設計、利活用、マネジメントなども重視されていることが分かります。将来グローバルに活躍したい方は、国際的な動向も定期的に確認すると良いでしょう。

次回までの課題

①本章で紹介した社会人基礎力のチェックシートを使って、現段階での自分の強みを分析してください。

②分析した結果見えてきた自分の強みの1つを取り上げ、その強みを使って活躍できた（もしくは成功した、周囲に貢献できた）エピソードを1つ思い出し、300字程度で具体的に記載してください。

引用・参考文献

ベネッセ教育総合研究所（2007）インタビュー：社会人基礎力（「社会人基礎力」の育成を通して大学の教育力を向上させる）.

　https://berd.benesse.jp/berd/center/open/dai/between/2007/10/01toku_23.html（最終閲覧日：2023年1月25日）

経済産業省ウェブサイト　社会人基礎力.

　https://www.meti.go.jp/policy/kisoryoku/（最終閲覧日：2023年1月25日）

厚生労働省（n.d.）エンプロイアビリティチェックシート 総合版.

　https://www.mhlw.go.jp/file/06-Seisakujouhou-11800000-Shokugyounouryokukaihatsukyoku/0000199569.pdf（最終閲覧日：2022年10月15日）

厚生労働省職業能力開発局（2001）エンプロイアビリティの判断基準等に関する調査研究報告書概要.

　http://www.mhlw.go.jp/houdou/0107/h0712-2.html（最終閲覧日：2022年10月15日）

野村総合研究所（2015）日本の労働人口の49％が人工知能やロボット等で代替可能に〜 601種の職業ごとに、コンピューター技術による代替確率を試算〜 .

　https://www.nri.com/jp/news/2015/151202_1.aspx（最終閲覧日：2022年10月15日）

ベネッセ教育総合研究所（2011）学生の実態と社会で求められる力のギャップ, VIEW21 2011特別号, 6-10.

山本寛（2012）大学生のエンプロイアビリティとそのモチベーション等への影響−文献展望と仮説の構築−, 青山経営論集, 47(3). 29-45.

リンダ・グラットン（2012）ワーク・シフト, プレジデント社.

McQuaid, R. W., Green, A., & Danson, M. (2005). Introducing Employability. *Urban Studies*, 42(2), 191–195.

World Economic Forum（2020）*The Future of Jobs Report 2020.*

　https://www3.weforum.org/docs/WEF_Future_of_Jobs_2020.pdf（最終閲覧日：2022年10月20日）

第5章

自分の強みを表すエピソード

事例 *5* 自己分析ってどうやってやるの？

　Eさんは社会福祉学部の3年生です。いつも早めに準備をする性格の Eさん、もうすぐ始まる就職活動に向けてさっそく「自己分析」を開始することにしました。まず「自己分析」に関する書籍を購入し、そこに書いてあった2つのことを試してみることにします。

　1つ目は、適性検査や適職診断を受けてみるというものです。さっそくインターネット上でできる診断をいくつかやってみました。すると、それぞれの診断で異なる結果がでてきました。「どちらの結果を信じたら良いのだろう？」Eさんは結果の解釈に困り、とりあえず書籍に書いてあった2つ目の方法を試してみることにしました。

　書籍に書いてあった2つ目の方法とは、身近な人に自分の特徴についてインタビューしてみるというものです。まずは両親に自分の性格についてたずねてみました。すると父親からは「お前はいつもマイペースだった」、母親からは「小さいときは甘えん坊だったわねぇ」という回答が返ってきました。これでは就活のアピールに使えそうもありません。そこで今度は何人かの友人に質問してみました。すると、「意外性があると思う」、「本を読むのが早いよね」、「字がきれい！」というコメントが返ってきました。意外性があるという内容は使えそうですが、その他のことは就職活動での強みとして使えるのでしょうか。

　自己分析を終えたEさん、いよいよ志望企業のエントリーシート作成に取りかかります。最初の欄には「あなたの強みを記入してください。またその強みを発揮できたエピソードを書いてください」とありました。そこで「私の強みは意外性があることです」と書いたEさん。しかし、そこで手が止まってしまったのです。

　「私の強みって本当に意外性があることなのかな。意外性を発揮できたエピソードって何だろう。いろんな人がバラバラなことを言っていたけど、私の本当の強みって何なんだろう？」

　Eさんは「自己分析」の難しさを改めて実感しました。

5-1　ライフライン

　ライフライン法とは、質的アセスメント技法の中でも古い歴史をもつ**手法の一つで、横軸に年齢、縦軸にプラス・マイナスを記した紙を準備し、自分の過去の学習や活動、職業経験を振り返って、自分が思う自分のキャリアの浮き沈みを線で描く手法のこと**です。このライフライン法は、就職活動のときの自己分析にも応用できます。

　ライフライン法は、質的アセスメント技法のなかでも、特にナラティブ・アプローチと呼ばれる手法の中で紹介されています。Bujold（2004）によれば、ナラティブ・アプローチとは、個人の特徴と仕事で求められる要件とのマッチングというそれまでの典型的なキャリアデザインの方法とはまったく異なります。ナラティブという言葉は直訳すると「物語」や「語り」という意味ですが、その名の通りナラティブ・アプローチでは、皆さん自身が、自分のキャリア・ストーリーのメインキャラクターであり、そして著者（語り手）でもあるのです（Thomas & Gibbon, 2009）。

　マーク・L・サビカス（2015）は、ナラティブの効果について、下記のように述べています。

> "ライフ・ストーリーを他者に語ることは、われわれが自分についてどう思っているのかを結晶化させるだけでなく、他者に、われわれについてどう思ってほしいかを知らせることにもなる。"
>
> サビカス（2015), p.36

　では、このライフライン法を就職活動における自己分析に活用するにはどうすれば良いのでしょうか。具体的に見ていきましょう。

5-2 ライフラインの書き方

1. ライフラインを書いてみる

ライフラインとは以下のようなものです（Fさん（大学1年生）の例）

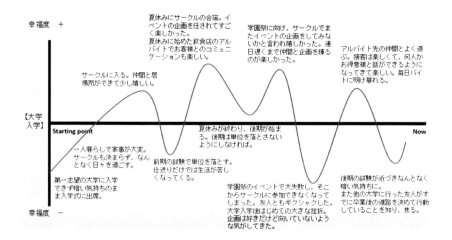

縦軸はそのときの「幸福度」、横軸は左から右へ時間の流れを表します。スタートはできるだけ大学入学時としましょう（なぜなら、就職活動で聞かれるのは大半が「大学時代」のことだからです）。

ただし、1年生と2年生前半の場合はまだ大学に入学して1年ほどしか経っていませんので、スタートを高校入学時としても良いでしょう。自分の気持ちの浮き沈みを波線で表し、山谷の部分の出来事や理由を記入していきます。

ここでの**ポイントは、波線は、自分の気持ちの浮き沈みに加え、周囲からの評価も考慮して書いてみる**ということです。

2. ライフラインの「谷から山」に注目する　―強みの発見―

ライフラインが完成したら、**次にライフラインの波線が「谷から山」へと大きく上がっている箇所に○を付けてみて**ください。

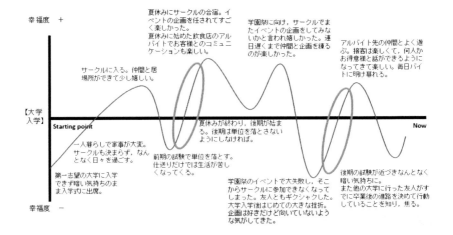

幸福度 ＋

夏休みにサークルの合宿。イベントの企画を任されてすごく楽しかった。
夏休みに始めた飲食店のアルバイトでお客様とのコミュニケーションも楽しい。

学園祭に向け、サークルでまたイベントの企画をしてみないかと言われ嬉しかった。連日遅くまで仲間と企画を練るのが楽しかった。

アルバイト先の仲間とよく遊ぶ。接客は楽しくて、何人かお得意様と話ができるようになってきて楽しい。毎日バイトに明け暮れる。

サークルに入る。仲間と居場所ができて少し嬉しい。

【大学入学】

Starting point

Now

一人暮らしで家事が大変。サークルも決まらず、なんとなく日々を過ごす。

夏休みが終わり、後期が始まる。後期は単位を落とさないようにしなければ。

前期の試験で単位を落とす。仕送りだけでは生活が苦しくなってくる。

第一志望の大学に入学できず暗い気持ちのまま入学式に出席。

学園祭のイベントで大失敗し、そこからサークルに参加できなくなってしまった。友人ともギクシャクした。大学入学後はじめての大きな挫折。企画は好きだけど向いていないような気がしてきた。

後期の試験が近づきなんとなく暗い気持ちに。また他の大学に行った友人がすでに卒業後の進路を決めて行動していることを知り、焦る。

幸福度 －

　この部分が、皆さんのモチベーションを高めるヒントであり、強みを発揮できた部分となります。

　Ｆさんの場合、最初の「谷から山」は、単位を落としたり生活が厳しくなったりしたところから、サークルの企画やアルバイトという新しい取り組みにチャレンジしていく場面です。次の「谷から山」では、サークルでの失敗からアルバイト先での充実により幸福度が上がった場面です。このことから、Ｆさんは失敗したことに何度も粘り強くチャレンジするタイプではありませんが、新しいことに取り組んで気持ちを切り替えることができる点に強みがありそうだと読み取れます。また、接客のアルバイトは今のところうまくいっていることもわかります。

　そこで、Ｆさんの強みを「失敗を恐れず新しい分野にチャレンジできる」こと、そして「お客様とコミュニケーションを取り信頼関係を築くことができる」こと、と仮定します。

3．強みを発揮できたエピソードを思い出す　―強みの検証―

　自分の強みが仮定できたところで、その強みが本物かどうか検証してみましょう。2のプロセスで抽出された自分の強みを裏付けるようなエピソードを探します。

　Ｆさんの場合、「失敗を恐れず新しい分野にチャレンジできる」という

ことに関しては、高校生のときに学校の短期留学に応募したこと、大学
1年生ながら企業のインターンシップに参加したことなど、いろいろな
ことにチャレンジしてきたエピソードを挙げることができました。

　一方で、「お客様とコミュニケーションを取り信頼関係を築くことが
できる」ということに関しては、留学やサークルなどで周りの人とコ
ミュニケーションがうまく取れず、それっきりになってしまったことも
あり、他のエピソードが思いつきませんでした。

　Fさんの場合、「失敗を恐れず新しい分野にチャレンジできる」という
強みはどんな場面でも発揮されているようですが、「お客様とコミュニ
ケーションを取り信頼関係を築くことができる」という強みに関しては、
相手や場面によって発揮できたりできなかったりするようです。つま
り、Fさんの真の強みは「失敗を恐れず新しい分野にチャレンジできる」
と推測できます。

　**就職活動では、ここで思い浮かんだエピソードが非常に重要です。こ
のエピソードを深掘りし、どんな状況（いつ、どこ）で、どんな課題があ
り、自分の強みを活かしてそれをどのように乗り越えたのかを考えま
す。**なぜこのような深掘りが必要かというと、企業の面接官は皆さんの
エピソードの内容から、本当に皆さんにその強みがあるのかを判断する
からです。面接官に納得してもらえるよう、できる限り具体的な場面や
数字を交えて説明できるようにしておきましょう。

4．強みから弱みを考える

　こうして自分の強みがわかってくると、それを裏返したものが弱みに
なります。Fさんの場合、ライフラインからも読み取れますが、「失敗を
恐れず新しい分野にチャレンジできる」反面、「失敗したことに対して何
度も粘り強くチャレンジする」ということは苦手なようです。就職活動
で弱みを聞かれた場合は「失敗したことに何度も粘り強くチャレンジす
ることです」と回答したうえで、その弱みを自分なりにどう克服しよう
としているのか、具体的に話せるようにしておくと良いでしょう。

5．ライフラインの共有で新たな発見をする

　ライフラインが書けたら、周囲の人とペアを組み、相互に自分のライフラインを説明してみましょう。**お互いのライフラインの共有をすることで、下記のような効果が期待できます。**

- 他者から見ることで、自分の新たな強みが発見できる
- 誰かに話すことで、自分自身の新たな気づきがある
- 他の人のライフラインを知ることで、新たな視点が生まれる

5-3　ライフラインの就職活動への活用法

　本章ではライフライン法を利用した自己分析を説明してきました。最後に、ライフライン法を利用した自己分析を実際の就職活動にどう活かせば良いのか、整理しておきましょう。

1．ライフラインを書き、自分の強み（仮定）を発見する（強みは無理に一つだけに絞る必要はありません）
2．仮定した自分の強みを発揮できたエピソードを思い出す
3．自分の強みが発揮できたエピソードが思いつかない強みを除外する
4．自分の強みが発揮できたエピソードを深掘りし、エントリーシートや面接の際に面接官に分かりやすく説明できるよう準備する
5．強みの裏返しを弱みとし、その克服方法を考え実行する
6．自分のライフラインをほかの人に説明することで新たな気づきを得る
7．上記を踏まえて、エントリーシートや履歴書を作成する
8．企業や仕事選びにおいては、自分の強みが発揮できそうな企業・仕事かどうか確認する

◆第5章のまとめ◆

- ライフライン法とは、質的アセスメント技法の中でも古い歴史をもつ手法の一つで、横軸に年齢、縦軸にプラス・マイナスを記した紙を準備し、自分の過去の学習や活動、職業経験を振り返って、自分が思う自分のキャリアの浮き沈みを線で描く手法のことである。

- ライフラインの波線は、自分の気持ちの浮き沈みに加え、周囲からの評価も考慮して書いてみる。

- ライフラインの波線が「谷から山」へと上がっている箇所が、自分のモチベーションを高めるヒントであり、強みを発揮できた部分である。

- 自分の強みが仮定できれば、その強みが本物かどうか検証するために、その強みが発揮できた場面やエピソードを複数思い出してみる。

- それぞれのエピソードを深掘りし、どんな状況（いつ、どこ）で、どんな課題があり、それを自分の強みを活かしてどのように乗り越えたのかを考える。

- ペアでお互いのライフラインを共有することで、下記のような効果が期待できる。
  ①他者から見ることで、自分の新たな強みが発見できる。
  ②誰かに話すことで、自分自身の新たな気づきがある。
  ③他の人のライフラインを知ることで、新たな視点が生まれる

コラム 5

　私がこれまで支援をした大学生の方からよく受けた質問の1つに、「他の人と比較してすごいと思えるような強みやエピソードが見つからないのですが、そのような場合はどうすれば良いでしょうか」という質問があります。この質問に対する答えとしては、「他の人と比較する必要はありませんし、また他の人と比較して優れていると思えるエピソードでなくても構いません」ということです。

　以前、「自分の強みを表すエピソードが思い浮かばない」という内容でキャリアセンターに相談に来た大学生の方がいました。相談時にその人の普段の活動やそこで工夫したことを詳細に聞き取っていくと、以下のようなことを話してくれました。

・アルバイト先の毎週のメニュー作成を任されているが、お客様が料理をイメージしやすいよう文字だけでなくイラストを入れるようにしている。

・ダンスサークルに所属しているが、そこではメンバー間でのトラブルを解決したり、各メンバーの強みを発揮できる振り付けを心掛けている。

　この大学生の方は上記のエピソードを軸に、自分の強みを活かして組織や組織のメンバーのサポートができることをアピールし、見事、第一志望だった企業からの内定を獲得しました。

　就職活動の時に無理に自分を飾る必要はありません。日頃の行動や工夫していることを具体的に伝えていくと良いでしょう。

次回までの課題

①本章で紹介した手順に従いライフラインを書いてください。

②ライフラインから見えてきた自分の強みのうち1つを取り上げ、その強みを使って活躍できた（もしくは成功した、周囲に貢献できた）エピソードを1つ思い出し、300字程度で具体的に記載してください。

引用・参考文献

Cochran, L. (1997). *Career counseling: A narrative approach.* Thousand Oaks: Sage.

Bujold, C. (2004). Constructing career through narrative, *Journal of Vocational Behavior*, 64-3,470-484.

Thomas, D. A., & Gibbons, M. M. (2009). Narrative Theory: A Career Counseling Approach for Adolescents of Divorce. *Professional School Counseling*, 12(3), 223–229. http://www.jstor.org/stable/42732780

下村英雄（2009）キャリア発達とキャリアガイダンス－ライフライン法の予備的分析を中心とした検討, JILPT Discussion Paper Series, 09-04.

マーク・L・サビカス（2015）（日本キャリア開発研究センター監修・翻訳, 乙須敏紀翻訳）キャリア・カウンセリング理論：「自己構成」によるライフデザインアプローチ, 福村出版.

渡部昌平（2016）社会構成主義からライフ・キャリア適応を考える：社会構成主義キャリア・カウンセリング各派からの示唆, 秋田県立大学総合科学研究彙報, 17, 19-23.

第6章

将来のビジョン

事例 *6* 将来のビジョンが思い浮かばない……

　Gさんは、理工学部の4年生です。実はGさんにとって、今通っている大学や学部は特に希望したものではありませんでしたが、4人兄弟の長男であることから両親に負担をかけたくないと地元にある大学のみを受験し、たまたま合格した今の大学に入学しました。

　大学に入学後、友人に誘われて陸上部に入部。練習はハードでしたが、個人競技である陸上というスポーツが性に合い、継続することができています。

　3年生の冬になり、友人たちはみな就職活動の対策講座に通ったり、インターンシップに参加したりしていました。Gさんも就職活動に向けて何かしなければいけないことはわかっていましたが、将来やりたいことが思いつかず、部活動を理由に就職活動をほとんど行いませんでした。その後、部活動で第一線を退いてからは自宅に閉じこもるようになってしまいます。

　4年生の10月になり、さすがにそろそろ何かしなくてはいけないと危機感を持ったGさん。大学のキャリアセンターに行くと「これまで何をしていたのか」と叱られるかもしれないと思い、自宅近くのハローワークに相談に行ってみました。

　対応してくれた相談員の方に「新卒学生さん向けの求人もありますよ。一緒に探していきましょう」と言われて少しほっとしたGさん。しかし、次に聞かれた「どんな条件の仕事を希望されていますか？」という質問には答えることができませんでした。

　「どんな条件……」Gさんが戸惑ったのを見た相談員の人は、「では、質問を変えましょう。Gさんは将来、どんな生活をおくりたいですか？何か将来のビジョンはありますか？」と質問を変えてくれました。

　「将来のビジョン……」Gさんは、また、何も答えられませんでした。同時に、何も答えられない自分が恥ずかしくなりました。

　みんな、将来のビジョンを持っているんだろうか？そもそも、将来のビジョンって、どうやって考えればいいんだろう。Gさんは、卒業までに就職先を決めることができるのか、すっかり不安になってしまいました。

6-1 節目、節目のキャリアデザイン

　本書では冒頭に、「標準」が崩れてしまった時代という言葉を用いて、現代社会では個人のキャリアは予測不可能で不確実なものだということを説明しました。

　では、不確実な時代において、キャリアにおけるビジョンや目標を立てることは意味がないことなのでしょうか。

　この問いに対して金井（2002）は、**節目のときだけは絶対に強く意識してデザインすべきものがキャリア**であると述べています。そして、**節目以外のときは、次の転機まで安定期にも退屈することがないように、偶然やってきた機会を生かすことが大切**だと述べています。このモデルを図示すると下図のようになります。

図表6.1 節目、節目のキャリアデザインのイメージ

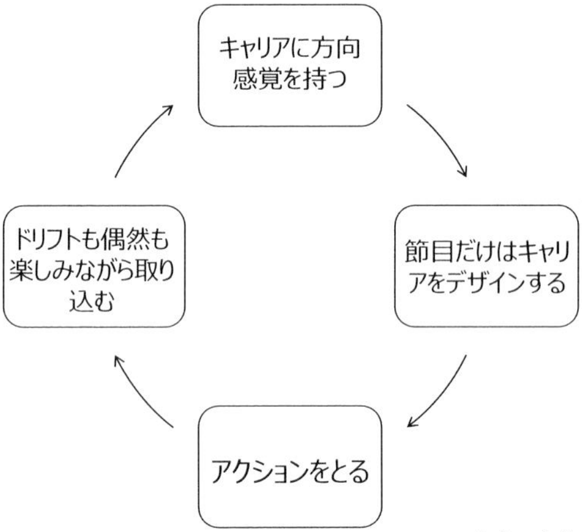

出典：金井（2002）から一部抜粋

　では、キャリアの節目とはどんな時を指しているのでしょうか。ある出来事を「節目」と感じるかどうかは個人により異なりますが、一般的なキャリアの節目としては、就職、昇進、配置転換（社内異動）、転職、退職、結婚、出産、引っ越し、家族との離別、企業の倒産、解雇、などがあげられるでしょう。

　そして、本書を読んでいる皆さんは、あと数年、もしくは今まさに、最も大きなキャリアの節目の1つである就職を迎えているのではないかと思います。

　では、人生において、次の大きなキャリアの節目に向けてどのようにキャリアビジョンを立てていけば良いのでしょうか。金井（2002）はこの点について、以下の2点を述べています。

・学生から社会人になる節目は、退職に匹敵するぐらい大きな節目中の節目である。
・第一ステップはキャリアにおける大きな方向感覚を持つことである。

　皆さんも、就職というタイミングは、自分のキャリアにおける大きな節目の一つであることを認識していることでしょう。しかし、就職活動の時期になって急に「将来の仕事や生活についてビジョンを立ててください」と言われても、ほとんどの人にとって、それは難しい作業となってしまいます。
　本章では、キャリアにおける大きな方向感覚と具体的な仕事を結びつけることができる「未来履歴書」を使って、将来の自分の理想とするキャリアを描く方法を説明します。

6-2 未来履歴書を書こう

　通常履歴書は、これまでの学歴や職歴、活動内容など、過去のことを書くものですが、本章では、10年後の自分になったと仮定して、10年後の自分の履歴を考えてみます。本書ではこれを「未来履歴書」と呼びます。

　未来履歴書は、市販の履歴書を使っても構いませんが、市販の履歴書は自分の活動について書く欄が多くありません。そこで、以下のような内容を自由なフォーマットで書いてみてください。

①住所

　現在住んでいる住所ではなく、10年後に住んでいたい都道府県名、市町村名をわかる範囲で書きましょう。グローバルに活躍したいという方は、10年後、どんな国に住んでいたいかを考え、その国や都市の名前を書いてください。

②学歴

　高校卒業、大学入学、大学卒業と順に具体的な年月を入れて書きましょう。大学院に進学したい人は続けて、大学院入学と修了を書きましょう。社会人になってから大学院に進学したい方は、入学したい年月を考えてみてください。

③職歴

　大学卒業後（もしくは大学院修了後）に勤めたい企業や転職したい企業について、入社年月と退社年月を入れて書きましょう。どうしても具体的な企業・組織名が思い浮かばない人は、選択肢として考えている企業・組織名を複数書いても構いません。また起業したい方はそのことについて書いてみましょう。

④免許・資格

　10年後までに取得しておきたい免許や資格について記入してください。

⑤大学時代に力を入れたこと、得意だった科目、思い出など

　10年後の自分が振り返って「こういう大学時代」だったと述べている

イメージで記入してください。いま実際にやっていないことを書いても構いません。

例 大学時代はとにかくたくさんチャレンジしてたくさん失敗した4年間だった。初めての一人暮らし、ヨーロッパへの留学、留学生の支援ボランティアと、当時から興味があった海外に関することには何でもチャレンジした。留学中、大きな失敗を何度もしたが、そこでできた仲間と経験は今でも大切なものとなっている。

⑥仕事の内容

企業名・組織名、役職・部下の数、勤務地、雇用形態、年収等について、こうありたいと思う内容を記入してください。仕事内容についてはできる限り具体的に記入してください。

例 国立大学法人の職員として、学生時代から興味があった就職支援の仕事をしている。入職2年後、学生の悩みにこたえられるようキャリア・カウンセラーの資格を取得。事務的な仕事だけでなく、学生相談も任されるようになり、日々たくさんの学生が自分のところへ相談に来てくれることにやりがいを感じる日々である。だが、業務量が多くなり残業が増えていることが悩み。新しく入ってきた後輩も育成し、少しずつ仕事を任せるようにしている。

⑦現在の仕事を選んだ理由

10年後の自分が就いている仕事を選んだ理由をなるべく具体的に書いてください。

例 大学院卒業後は、大手機械メーカーに就職。東京で働くこととなった。仕事は楽しく都会も刺激的だったが、結婚して子どもができたことをきっかけに、自分が育った自然豊かな地域で子育てをしたいと考えるようになる。そこで地元に良い企業がないか大学院時代の恩師にたずねたところ、今の会社を紹介してもらうことになり、見事転職に成功した。

⑧家族の状況について

10年後、どんな家族構成であるのか、配偶者や子供はいるのかについて考えて記入してください。

⑨住居について

　実家なのか、持ち家なのか、マンションなのかなど、具体的に考えて記入してください。

⑩これからの仕事における希望

　10年後以降の仕事における希望を記入してください。

　例 これからの10年はちょうど30代である。仕事も覚えて一番活躍できる時期だと思うので、仕事をしっかりやっていきたい。20代でいろいろな部署で経験を積んだので、30代はできれば一つの部署で専門性を身につけていきたい。社内の昇進試験や社外のセミナーにも多く参加したい。結婚し、子育てもしたいので、仕事と家庭の両立も考えていきたい。

　未来履歴書を書く上で大切なことは、書かれている内容が将来実現可能かどうかを考える必要はない、ということです。**大切なのは、「10年後、自分がどんな人間でありたいか」を具体的にイメージして記入するということです。ありたい自分をそのまま未来履歴書に記入していきましょう。**

　未来履歴書が完成したら、それを同世代の人たちと語り合ってみましょう。その際に、聞いている側の人は、「それってどんなイメージなのですか？」「もう少し詳しく教えてください」など、話している人のキャリアビジョンがさらに広がり、かつ深まることを意識した質問をしてください。

　未来をしっかりとイメージすることで、自分がこれからやっていくべきことがより明確になるでしょう。

6-3　ライフキャリア　レインボー

　人生には、趣味や家族との時間など、仕事以外の要素がたくさんあります。**仕事以外の要素も含めた人生全体のビジョンを考えておくことは、キャリアにおける大きな方向感覚（金井、2002）を持つうえで重要なことです。**

　では、仕事以外ではどのような要素を考えておくべきでしょうか。その一つの指針となりそうな理論として「ライフキャリア　レインボー（Super, 1980）」があります。Super（1980）によれば、**人のライフキャリアには以下の9つの役割があります。それは、子ども、学生、余暇を楽しむ人、市民、職業人（労働者）、配偶者、家庭人、親、年金生活者です。**ライフキャリア　レインボーの概念図を図表6.1に示します。

図表6.1 ライフキャリア レインボー（概念図）

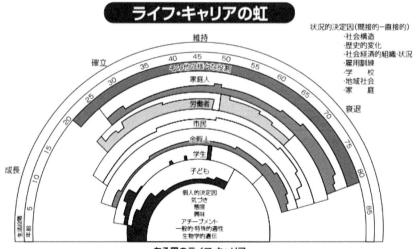

「22歳で大学を卒業し、すぐに就職。26歳で結婚して、27歳で1児の父親となる。47歳の時に1年間社外研修。57歳で両親を失い、67歳で退職。78歳の時妻を失い81歳で生涯を終えた。」D.E.スーパーはこのようなライフ・キャリアを概念図化した。

出典：文部科学省（2011）

たとえば、いま皆さんの多くは大学生だと思いますので、主たる役割は、子ども、学生、余暇を楽しむ人、市民の4つとなります。すでに結婚している人はこれらに加えて、配偶者や親という役割も果たしているかもしれません。またアルバイトをしている人は、労働者としての役割も果たしているでしょう。

　では、10年後、皆さんの役割はどのように変化しているでしょうか。おそらく、職業人の役割を継続しつつ、配偶者、親、家庭人としての役割を担っている人も増えてくるでしょう。ですので10年後の自分を思い描く際には、配偶者、親、家庭人等、他の役割も意識しながら自分の将来を思い描く必要があります。

　また、冒頭に「節目、節目のキャリアデザイン」という話をしましたが、Super（1980）は、キャリアのデシジョン・ポイント（決断の瞬間）は、新しい役割を選択する前とその時点、古い役割を放棄するとき、そして、今の役割の在り方を大きく変えるときに発生すると述べています。しかし、図6.1を見ればわかる通り、**私たちは常に複数の役割を持って人生を送っています。それぞれの役割は、太くなったり、細くなったり、ときには消滅したり、再び発生したりします。**

　そこで、皆さんの人生においても、**定期的に、これらの役割の配分を考え直したり、自分の将来のキャリアを考え直したりしていくことが必要**となってくるのです。

◆第6章のまとめ◆

- 節目のときだけは絶対に強く意識してデザインすべきものがキャリアである。

- 節目以外のときには、次の転機まで安定期にも退屈することがないように、偶然やってきた機会を生かすことが大切である。

- 学生から社会になる節目は退職に匹敵するぐらい大きな節目中の節目である。第一ステップはキャリアにおける大きな方向感覚を持つことである。

- 未来履歴書を作成するにあたり大切なのは、「10年後、自分がどんな人間でありたいか」である。ありたい自分をそのまま履歴書にする。

- 仕事とそれ以外の要素も含めた人生全体のビジョンを考えておくことは、キャリアにおける大きな方向感覚（金井、2002）を持つうえで重要である。

- 人のライフキャリアには以下の9つの役割がある。それは、子ども、学生、余暇を楽しむ人、市民、職業人（労働者）、配偶者、家庭人、親、年金生活者である。

- 私たちは常に複数の役割をもって人生を送っている。それぞれの役割は、太くなったり、細くなったり、ときには消滅したり、再び発生したりする。

- 人生においては定期的に、自分の役割の配分を考え直したり、自分の将来のキャリアを考え直したりしていくことが必要である。

コラム6

　グラットン（2012）は、「幸福感とやりがいを味わえる職業生活を築くためには、これまでの固定観念・知識・技能・行動パターン・習慣などを根本から＜シフト＞する必要がある」と述べ、以下の3つのシフトを提示しています。

第1のシフト：ゼネラリストから「連続スペシャリスト」へ

　未来の世界では、まず自分が選んだ専門分野の技能と知識を深める必要がある。そしてその後も、ほかの専門分野に移動したり、脱皮したりすることを繰り返さなくてはならない。

第2のシフト：孤独な競争から「協力して起こすイノベーション」へ

　これからは、高度な専門技能を習得し、そのうえで多くの人と結びつかなければ成功できない。知的資本と人間関係資本を組み合わせる必要がある。

第3のシフト：大量消費から「情熱を傾けられる経験」へ

　第3のシフトは最も難しい。すべての時間とエネルギーを仕事に吸い取られる人生ではなく、もっとやりがいを味わえて、バランスの取れた働き方に転換することだ。

　皆さんの将来のキャリアについても、こうした働き方の変化を踏まえながら設計していく必要がありそうです。

次回までの課題

①本章を参考に、10年後の「未来履歴書」を作成してください。

②「未来履歴書」の作成を踏まえ、これからより深く考えておく必要があると感じたのはどのような事柄ですか。300字程度で具体的に記載してください。

引用・参考文献

金井壽宏（2002）働くひとのためのキャリアデザイン，PHP研究所.

全米キャリア発達学会（仙崎武・下村英雄編訳）（2013）D・E・スーパー
　の生涯と理論：キャリアガイダンス・カウンセリングの世界的泰斗の
　すべて，図書文化社.

文部科学省（2011）高等学校キャリア教育の手引き.
　http://www.mext.go.jp/component/a_menu/education/micro_
　detail/__icsFiles/afieldfile/2011/11/04/1312817_05.pdf（最終閲覧
　日：2022年10月21日）.

リンダ・グラットン（2012）ワーク・シフト，プレジデント社.

Super, D. W. (1980). A life-span, life-space approach to career
　development. *Journal of Vocational Behavior*, 16, 282–298.

第3部

社会に関する情報を集める

第7章

職業に関する情報収集①
（ハードLMI）

事例 *7* **やりたい仕事、行きたい企業は知らないだけかも？**

　Hさんは農学部の3年生です。3年生になったのでそろそろ就職活動を始めようと決めました。

　早速、学内の就職ガイダンスに参加すると、近年では3年生の夏のインターンシップが就活の合否を左右するという話がありました。そこでHさんはまずインターンシップへの参加から始めることにしました。Hさんは、製薬会社か食品メーカーの研究開発職に就きたいと思っていたので、名前を知っている大手企業のインターンシップ3社に応募しました。自分の中ではしっかりとした応募書類を書いたつもりでしたし、当然すべての企業のインターンシップに参加できるものと思い、夏休みのアルバイトも日数を減らして準備をしていましたが、なんと3社すべて、書類選考で不合格となってしまったのです。

　不安になったHさんは、同じ学部の友人にインターンシップへの参加予定を聞いてみたところ、ほとんどの友人が、大手企業のインターンシップにも応募していましたが、それに加えて、Hさんが知らない企業のインターンシップや、地元の中堅企業のインターンシップなどにも応募していたことが分かったのです。

　友人に、どうやってそのような企業を見つけたのかと質問してみると、「インターンシップの合同企業説明会に参加した時にたまたま話を聞いた企業で、事業内容にとても興味を持ち、社風も魅力的だったので応募した」、「研究室の先輩から、小さい企業だけど自分たちの研究室の研究内容に近い事業を展開していて世界トップシェアの製品を持っている企業だと聞いて応募した」、というように、様々な情報源からインターンシップに関する情報収集をしていたことが分かりました。友人たちはみな、これまで自分が知らなかった企業や組織を発見し、インターンシップに行けることを楽しみにしているようでした。

　就職活動前最後の夏休み、どこのインターンシップにも参加できなかったHさんは、もっと幅広く情報収集をしてほかの業界や中堅企業のインターンシップにも応募しておくべきだった、とがっかりしてしまいした。

7-1 キャリア情報

　皆さんは、キャリアや就職活動、インターンシップに関する情報を、どこから、どのようにして収集していますか。

　キャリアに関する情報には様々な種類があり、以下のようなものも含まれます。

- 統計情報
- 政府の公式情報
- ケーススタディ
- 物語や逸話
- 写真
- オーディオ
- ビデオ

　大まかにいえば、**自分のキャリアを決定する際、あるいは決定に基づいて行動する際に役立つ情報はすべて「キャリア情報」である**とみなすことができます。この**キャリア情報は、その目的によって以下の4つに分けることができます。**

図表7.1 キャリア情報の4つの目的

目的別データ集	教育・労働市場で何が起こっているかを理解するために、政府や研究者、その他の機関が積極的に収集するデータ
自然発生的なデータ	教育・労働市場の運営を通じて「自然に」生み出される情報（例：求人情報サイトの掲載情報など）
合成された情報	教育や労働市場で起きていることについて、他の情報源を活用して議論されたもの（例：雇用や経済に関する新聞記事など）
社会的情報	個人が作成し、共有される情報（例：SNSで見た情報や、夕食時におじさんが共有した情報など）

出典：Hooley（2020）をもとに筆者にて作成

7-2　労働市場情報

　キャリア情報の中で、特に労働市場に関するものを「**労働市場情報**（**Labour market information、以下「LMI」と略**）」といいます。労働市場とは資本主義下で、労働者と雇用主によって、需要・供給の法則に従って労働力を取引商品として形成される抽象的な市場のことを指します。

　LMI は、雇用の世界を理解するのに便利なツールで、労働市場の性質や運営に関するあらゆるデータのことを指し、例えば以下のようなものが考えられます。

- 職務やキャリアに関する説明情報
- 求人数や求人の種類
- 応募方法
- 必要な資格やスキル、経験
- その業界での給与や賃金の相場、昇進についての情報
- その仕事に対する全国的、または地域における需要
- その業界や分野の将来的な成長予測

　これらは、皆さんが就職活動に関連して収集する情報のイメージに近いものではないでしょうか。

　LMI は、皆さんの専門分野が「仕事の世界」においてなぜ重要なのか、そして皆さんの潜在的なキャリアの選択肢を理解するために役立ちます。また様々な職種や求人、給与水準、成長分野などの情報を収集することで、情報に基づいた、現実的で効果的な意思決定を行う手助けにもなります。さらに、自己分析をした結果と収集した情報を分析することで、ミスマッチの少ない意思決定にも役立ちそうです。そのほか、特定の仕事やキャリアに就くために必要なプロセスを理解したり、その仕事に就いた後のキャリアパスを理解することにもつながります。

　このように、キャリアデザインのプロセスにおいて、質の高い、多方面にわたる LMI を収集することは非常に重要なことです。

7-3 統計情報

LMI は、ハード LMI とソフト LMI の 2 種類に分類できます。

ハード LMI

ハード LMI とは、一般的に、労働市場や雇用者調査から直接収集したデータを指します。この情報を活用すると、地理的・業界的に、現在と将来の雇用・スキルの傾向を統計的に把握することができます。

ソフト LMI

ソフト LMI とは、雇用者との面談や会話、特定の仕事に従事する人の経験談など、公式ではないさまざまな情報源から収集された情報を指します。

本章では、ハード LMI について詳しくみてみることにしましょう。まずハード LMI として政府や労働に関係する機関が発行している統計情報、そして厚生労働省が開発した「職業情報提供サイト（日本版 O-NET）」について説明します。

- 国際労働機関 (International Labour Organization) の統計情報
https://ilostat.ilo.org/（英語）

　　国際労働機関 (ILO: International Labour Organization、以下「ILO」と略) は、労働条件の改善を通じて、社会正義を基礎とする世界の恒久平和の確立に寄与すること、完全雇用、社会対話、社会保障等の推進を目的とする国際機関（本部はスイス・ジュネーブ）として唯一の政・労・使の三者構成機関です。日本は ILO 加盟国として、政労使ともに総会や理事会等の各種会合に積極的に参加しています。(1940 年に脱退し、1951 年に再加盟しました。)

　　さてこの ILO の標語で、昨今注目されている SDGs の 8 番目「働きがいも経済成長も (decent work and economic growth)」にも入って

いる「ディーセントワーク」という言葉があります。重要な概念ですのでここで少し説明します。

　ILO駐日事務所のウェブサイトでは、**ディーセントワークは「働きがいのある人間らしい仕事、より具体的には、自由、公平、安全と人間としての尊厳を条件とした、全ての人のための生産的な仕事」と定義されています。**「働きがいのある仕事」というと日本では仕事のやりがいとうった心理的側面をイメージしますが、ILOの駐日事務所のウェブサイトは以下のようにも述べていることから、ここでいうディーセントワークは、「保護」の側面が強調されている（上村、2021）ことがわかります。

> "ディーセント・ワークの実現に向けて
> 世界中の人々は、失業、不完全就業、質の低い非生産的な仕事、危険な仕事と不安定な所得、権利が認められていない仕事、男女不平等、移民労働者の搾取、発言権の欠如、病気・障害・高齢に対する不十分な保護などにみられるような「ディーセント・ワークの欠如」に直面しています。ILOはこれらの課題に対し、解決策を見出すことを目指しています。"

　上記のようなILOの特徴を反映して、ILOの統計情報は、労働供給、労働条件、貧困と不平等、競争力、労使関係に関連する世界的な統計情報が掲載されています。

　ぜひ皆さんもこちらの統計情報を確認し、世界における労働の現状を理解し、かつ、日本や自分が将来働きたい国の現状を把握することに活用してください。

• 厚生労働省が発表している統計情報、白書

https://www.mhlw.go.jp/toukei_hakusho/index.html

　厚生労働省は、「国民の生活の保障・向上」と「経済の発展」を目指すために、社会福祉、社会保障、公衆衛生の向上・増進と、働く環境の整備、職業の安定、人材の育成を推進する省庁です。

　厚生労働省は、厚生労働白書など毎年刊行する白書のほかにも様々な統計情報や調査報告書を公開しています。例えば人材開発に関連して毎年「能力開発基本調査」を実施しており、その調査報告書を公開しています。こちらにはたとえば図表 7.2 のような調査結果が掲載されていました。

　このグラフを見ると、正社員と非正社員、さらに正社員でも年代によって、企業や組織の中で重要視される力が異なることが分かります。例えば正社員（50 歳以上）になると「マネジメント能力・リーダーシップ」が最も重要視され、次いで「課題解決スキル（分析・思考・創造力等）」、「チームワーク、協調性・周囲との協働力」となっています。正社員（50 歳以下）では、「チームワーク、協調性・周囲との協働力」が 1 位、次いで「職種に特有の実践的スキル」、「コミュニケーション能力・説得力」となっています。これは、50 歳以上になると企業や組織の中で管理職やマネジメントを行う立場になることが多いため、通常の業務よりも、マネジメントを行う上で必要となる力が重要になってくるためだと考えられます。一方で、正社員以外の場合は、「チームワーク、協調性・周囲との協働力」が 1 位、次いで「職種に特有の実践的スキル」、「定型的な事務・業務を効率的にこなすスキル」となっています。このことから、正社員以外の場合は、その職業で必要なスキルを持ちつつ、周囲と協力しながら、定型的な作業を効率的に行う仕事が多いことが分かります。

　皆さんも様々な白書や報告書から、日本で働く人々を取り巻く環境や、多様な働き方について学んでください。

図表7.2 企業が最も重要と考える能力・スキル

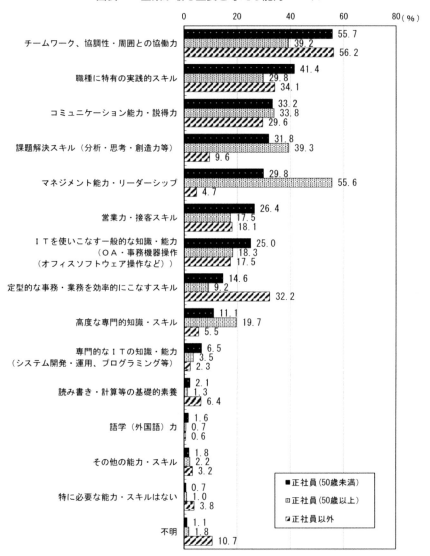

出典：厚生労働省（2022）

• 職業情報提供サイト：job tag（日本版O-NET）
https://shigoto.mhlw.go.jp/User/

　職業情報提供サイト（日本版O-NET）（愛称：job tag（じょぶたぐ））
は厚生労働省が提供しているウェブサイトで、「ジョブ（職業・仕事）」、
「タスク（仕事の内容を細かく分解したもの・作業）」、「スキル（仕事
をするのに必要な技術・技能）」の観点から職業情報を「見える化」し、
個人の就職活動や企業の採用活動等を支援するためのウェブサイトで
す。このサイトを通じて、利用者は図表7.3のようなことができます。

図表7.3 職業情報提供サイト（日本版O-NET）でできること

機能名	機能の概要
職業検索・職業情報提供	フリーワード、職業カテゴリー、免許・資格、スキル・知識等から職業を検索する機能です。検索した職業に関する情報（職業解説・職業動画・しごと能力プロフィールなど）を見ることができます。
キャリア分析	これまでの職歴等により、保有しているスキル・知識等のレベルと希望する職業で求められるスキル・知識等との類似性やギャップを照合できる機能です。
人材採用支援	求める人材の詳細なタスク・スキル等の情報を盛り込んだ職務要件シート（求人票）を作成する機能です。
人材活用シミュレーション	企業内の教育訓練・人材育成に際して、必要なスキル・知識等を明らかにすることができる機能です。
マイリスト	検索した職業や、キャリア分析・人材活用シミュレーションの結果等を保存する機能です。マイリストに保存した情報は、あとから参照したり再利用したりすることができます。

出典：厚生労働省（n.d.）

　大学生の場合、このサイトを使って例えば、様々な切り口（フリー
ワード、スキル・知識、免許・資格、テーマ、カテゴリーなど）から職
業を検索し、その職業の詳細情報を確認することができます。
　また職業興味検査や価値観検査などもありますので、これらも活用
してみましょう。

7-4　求人情報

　統計情報や白書、調査報告書で、労働市場の概況を掴んだら、次は、具体的な求人情報を見ていくと良いでしょう。ここからは、皆さんも聞いたことのあるウェブサイトが登場してくると思います。

● 就職情報サイト
　※以下の URL はいずれも 2024 年度卒の大学生を対象としたもの
　リクナビ　https://job.rikunabi.com/2024/
　マイナビ　https://job.mynavi.jp/24/pc/toppage/displayTopPage/index

　多くの方が、キャリアや就職活動に関する情報源として真っ先に思い浮かべるのは、リクナビやマイナビに代表される就職情報サイトではないでしょうか。少し字が小さくなってしまいますが、図表 7.4 で様々な就職情報サイトが掲載されています。ご確認ください。

　リクナビやマイナビは専門分野を問わず、様々な業界、従業員規模の企業・組織が掲載されています。一方で、図表 7.4 を見ると、専門分野や業界に特化した就職情報サイトもたくさんあることが分かります。自分の専門分野や志望業界に特化した就職情報サイトがある場合は、それらも合わせて確認すると良いでしょう。

　さてこれら就職情報サイトは多くの大学生が求人情報の収集に利用するウェブサイトですが、注意していただきたい点が 2 点あります。

　1 点目は、**就職情報サイトに掲載されている情報は「求人広告」である**という点です。どういうことかというと、仕事を探す人は就職情報サイトを無料で使うことができます。では、就職情報サイトはどこから収益を得ているのでしょうか。じつは就職情報サイトは、企業からの求人情報掲載料で収益を得ています。つまり、就職情報サイトを運営する企業にとってのお客様は、求人情報を掲載している企業なので

図表7.4【2022年度版】新卒向け就活サービス　ナビサイト

出典：就活の教科書ウェブサイト

す。また**掲載されている情報は広告ですので、間違った情報ではない
にしても、掲載している企業が優秀な人材を多く集めることができる
ように工夫された情報となっています。**ですので少なくとも、自社の
採用活動に不利になる情報を積極的に掲載する企業は多くはありま
せん。この点をしっかりと理解したうえで、活用するようにしてくだ
さい。

　２点目は、就職情報サイトに掲載するには安くはない費用がかかる
ため、**新卒採用に関してたくさんの費用をかけることができない中小
企業や、新卒の学生を何十名、何百名も採用しない企業は掲載されて
いない傾向がある**、ということです。

● 逆求人サイト（スカウト型サイト）

オファーボックス　https://offerbox.jp/
ラボベース　https://labbase.jp/
テックオファー　https://techoffer.jp/

　次に紹介するのは、近年、利用者が増えている逆求人サイトです。これらはスカウト型サイトとも呼ばれます。

　通常皆さんが就職活動をするときは、皆さんが就職情報サイト等を利用して興味を持った企業にエントリーをしますが、逆求人サイトでは、皆さんがそのサイトにプロフィールを登録し、皆さんのプロフィールを読んで興味を持った企業が皆さんにオファーの連絡をする、という流れになります。近年、これらのサイトを利用する企業や大学生が増えています。

　逆求人サイトは、就職情報サイトに掲載されていない優良企業と出会う貴重な機会にもなりますが、こちらも２つ、注意点があります。１点目は、プロフィールが魅力的でなければオファーが来ることが少なくなるという点です。プロフィールを登録するときは、大学のキャリアセンターなどで添削してもらうと良いでしょう。２点目は、オファーが来た企業のことを知らないために、オファーが来ても、その企業を受験することを躊躇する方が多いということです。この点についても、大学のキャリアセンター等で、その企業の情報を収集すると良いでしょう。

● 地域に特化した求人情報サイト、大学のキャリアセンター

　その他の有益な求人情報として、地域に特化した求人情報サイトと、大学のキャリアセンターが持つ求人情報があります。

　地方の企業・組織は、新卒の学生をたくさん採用しないことも多く、そのような場合はマイナビやリクナビなどの大手就職情報サイトには求人広告を出さないことも多いです。一方で、各地域に特化した求人情報サイトには、そのような企業の求人情報がたくさん掲載されてい

ます。これらの求人情報サイトは主に、地方自治体やその地域の新聞社や企業、経営団体が運営していることが多いので、探してみてください。

　また、大学のキャリアセンターには、皆さんの所属する大学の学生をぜひ採用したいという企業・組織からの求人情報があります。中にはその地域ではとても有名な優良企業だけれども、新卒を数名しか採用しないため、大手就職情報サイトには求人広告を出さず、地域の大学への求人のみで採用活動を行う企業もあります。ぜひ定期的に確認するようにしてください。

　本章で紹介してきたハードLMI以外にも、近年はたくさんの情報源があります。

　就職活動における情報収集においては、情報の信頼性をしっかりと吟味し、かつ、1つの情報源に偏らず、バランスよく情報収集していくようにすると良いでしょう。

◆第7章のまとめ◆

- 自分のキャリアを決定する際、あるいは決定に基づいて行動する際に役立つ情報はすべて「キャリア情報」であるとみなすことができる。キャリア情報はその目的によって4つに分類できる。

- キャリア情報の中で、特に労働市場に関するものを「労働市場情報（Labour market information：LMI）」と呼ぶ。LMIは、雇用の世界を理解するのに便利なツールである。

- LMIは、ハードLMIとソフトLMIの2種類に分類できる。

- ハードLMIとは、一般的に、労働市場や雇用者調査から直接収集したデータを指す。この情報を活用すると、地理的・業界的に、現在と将来の雇用・スキルの傾向を統計的に把握することができる。

- ソフトLMIとは、雇用者との面談や会話、特定の仕事に従事する人の経験談など、公式ではないさまざまな情報源から収集された情報を指す。

- ディーセントワークとは「働きがいのある人間らしい仕事、より具体的には、自由、公平、安全と人間としての尊厳を条件とした、全ての人のための生産的な仕事」と定義されている。

- 就職情報サイトに掲載されている情報は「求人広告」であるため、間違った情報ではないにしても、掲載している企業が優秀な人材を多く集めることができるように工夫された情報となっている。

- 就職情報サイトには、新卒採用に関してたくさんの費用をかけることができない中小企業や、新卒の学生を何十名、何百名も採用しない企業は掲載されていない傾向がある。

- ハードLMIに関しては、情報の信頼性をしっかりと吟味し、かつ、1つの情報源に偏らず、バランスよく情報収集することが大切である。

🔍 コラム 7

　本章ではハード LMI、後半は特に求人情報について学習してきました。インターネットや書籍などのハード LMI では、その企業や求人の実際のところはわかりにくいのが事実です。ですが多くの方が、求人情報を見て、その企業が労働者にとって良い企業なのか、それともそうでない、いわゆるブラック企業なのかどうかを見抜きたいと思っているのではないでしょうか。

　上野・今野・常見（2013）では、ブラック企業の見分け方という観点で求人情報を見る際に、次の点に注意するよう指摘しています。
- 根拠なく「感動」「成長」「夢」という言葉が並んでいる
- 業務内容を具体的に説明しない
- 「若手でも活躍できる」ことを誇張している
- 不自然な大量採用
- 給与が明らかに高い（安い）

　この文献では、上記以外にもブラック企業を見極める方法や注意すべき内容、就職四季報の見方、その他の情報源等について詳しく書かれていますので、ぜひ読んでみてください。

📝 次回までの課題

①あなたが就職したいと考えている国やエリアに関連したハード LMI を探し、良いと思うものを 1 つ選んでください。可能であれば URL も添付してください。
②自分が選んだ労働市場情報（LMI）について、その信頼性や有用性を 300 文字程度で説明してください。

引用・参考文献

Hooley, T. (2020). *Online career information and career development.* My future Insights series. Melbourne, Education Services Australia.（最終閲覧日：2022 年 10 月 15 日）

Reed Education & Academies Enterprise Trust. (n.d.). *Labour market information with REED.* https://www.dronfield.derbyshire.sch.uk/site_content/unsecure/Misc/Careers-Convention/Careers-Week/2%20-%20Labour%20Market%20Information.pdf（最終閲覧日：2022 年 10 月 15 日）

LMI for All. (2019). *What is LMI and why is it important?*. https://www.lmiforall.org.uk/explore_lmi/learning-units/what-is-lmi/（最終閲覧日：2022 年 10 月 15 日）

U.S. Department of Labor (n.d.). O*NET Online https://www.onetonline.org/（最終閲覧日：2022 年 10 月 15 日）

ILO 駐日事務所ウェブサイト. https://www.ilo.org/tokyo/about-ilo/decent-work/lang--ja/index.htm（最終閲覧日：2022 年 10 月 16 日）

ILO 駐日事務所 (n.d.). 国際労働機関：仕事の世界のために尽くす国連の専門機関. https://www.ilo.org/wcmsp5/groups/public/---asia/---ro-bangkok/---ilo-tokyo/documents/publication/wcms_670935.pdf（最終閲覧日：2022 年 10 月 15 日）

上野充子・今野晴貴・常見陽平（2013）ブラック企業の見分け方〜大学生向けガイド〜. http://bktp.org/news/144（最終閲覧日：2022 年 10 月 15 日）

上村泰裕（2021）働くことの意味と保護：持続可能なディーセントワークの構想, 日本労働研究雑誌, 63 (11), 77-86.

厚生労働省（2022）令和 3 年度 能力開発基本調査. https://www.mhlw.go.jp/toukei/list/104-1.html（最終閲覧日：2022 年 10 月 16 日）

厚生労働省 (n.d.). 職業情報提供サイト (日本版O-NET) 操作・活用マニュアル.

厚生労働省ウェブサイト.

　https://www.mhlw.go.jp/kouseiroudoushou/index.html (最終閲覧日：2022年10月16日)

就活の教科書ウェブサイト.

　https://reashu.com/chaosmap/ (最終閲覧日：2022年10月16日)

独立行政法人 労働政策研究・研修機構　ウェブサイト.

　https://www.jil.go.jp/kokunai/statistics/databook/index.html (最終閲覧日：2022年10月15日)

第8章

職業に関する情報収集②
（ソフトLMI）

事例 *8* 生の情報って何だろう？

　Ｉさんはデザイン学科の３年生です。大学時代を通じてずっとデザインに興味を持ち、最近になって念願だったデザイン系の研究室に配属されました。周囲の友人は少しずつ就職活動を始めているようでしたが、Ｉさんは、実際に自分の作品を制作できるようになるにつれ、デザインにどんどん興味が出てきてしまい、就職活動のための時間が取れません。

　しかし、今はインターネットからたくさんの情報を収集することができる時代です。勉強や制作の合間にインターネットで就職情報サイトを検索し、魅力的な企業をたくさん見つけました。どの企業も自分がやりたかった仕事が出来そうですし、掲載されている社員の方も感じがよさそうでした。すっかり安心したＩさんは、再び学業や作品制作に打ち込みました。

　さて、３年生の３月になり就職活動が本格化する時期となりました。Ｉさんは、以前インターネットで見つけたデザイン関係の企業にエントリーし、無事、複数社から面接のオファーをもらうことができました。しかしいざ面接に行って企業の方とお話してみると、自分が思い描いていた仕事のイメージとは少し異なっていることに気がつきました。考えてみると当たり前のことですが、デザインを仕事にするということは、お客様から依頼を受けてデザインをするため、常に自分の好きなデザインができるわけではありません。また納期が厳しいプロジェクトもあり、プライベートとの両立が難しそうな企業もありました。

　本当にこのまま採用選考に進んで良いのだろうかと不安になったＩさん。友人にこのことを相談してみると、「事前に OBOG 訪問はした？」との返事が返ってきました。詳しく聞くとその友人は、実際に企業にエントリーする前に、キャリアセンターに OBOG (自分の所属大学の卒業生でその企業や業界で働いている人) を紹介してもらい、仕事内容や仕事のやりがい、大変さ、残業時間などの詳細を教えてもらったというのです。「やっぱりインターネットや SNS の情報だけじゃなくて、生の情報を収集してそこから判断しないと進路を決定するのは難しいよね」友人からそう指摘されたＩさんは、「生の情報ってどんなものがあるんだろう……」と考え込んでしまいました。

8-1 ソフト LMI の定義と種類

第 7 章で、労働市場に関する情報（Labour market information：LMI）
には、ハード LMI とソフト LMI の 2 種類があることを説明しました。
事例 8 で I さんが収集していた就職情報サイトの情報はハード LMI に
あたりますが、友人の方に指摘された OBOG 訪問はソフト LMI にあた
ります。

復習ですが、**ソフト LMI とは、雇用者との面談や会話、特定の仕事に
従事する人の経験談など、公式ではないさまざまな情報源から収集され
た情報を指します。**ハード LMI が定量的なデータであることに対して、
ソフト LMI は定性的な情報であることが多く、以下のような情報が含ま
れます（University of Warwick, 2004）。

- 新聞、雑誌の記事
- 近所の人や家族の経験に基づく地元の情報
- その場所で長年の経験から得た自分自身の情報
- 専門家のネットワーク

上記の通り、ソフト LMI は人との対話によって得られることが多い
情報ですが、ではこの本を読んでいる大学生、特に低学年の人にとって、
キャリアや企業、職業のことに関する情報を人との対話から得られる機
会にはどのようなものがあるのでしょうか。

これまで私が支援してきた大学生の方の多くは、こうしたソフト LMI
を大きく 2 つの経路で入手していました。それは「ネットワーキング」
と「インターンシップ」です。「インターンシップ」については、第 12 章
で詳しく説明していますので、本章では「ネットワーキング」について
説明したいと思います。

8-2　ネットワークの広げ方

　ネットワーキング、と聞くと難しく感じる人もいるかもしれません。普段会話しているのは家族や友人だけで、社会人との繋がりが少ないと感じている人も多いでしょう。特に低学年の人にとっては、社会人とのネットワークを広げていくことは難しいように感じるかもしれません。

　しかし、**ネットワーキングのプロセスには新しい繋がりを作ることだけでなく、すでに皆さんが持っている人とのつながりを見つけ、それを活用することも含まれています。有益な情報は、しばしば、すでに皆さんが持っている友人関係やアルバイト先での関係、大学での関係から得ることができるのです。**図表 8.1 に皆さんが今持っている潜在的なネットワークのイメージ図を掲載します。ぜひこの図を参考に、自分がいますでに持っているネットワークを確認してみましょう。

図表8.1 皆さんが持っている潜在的なネットワーク

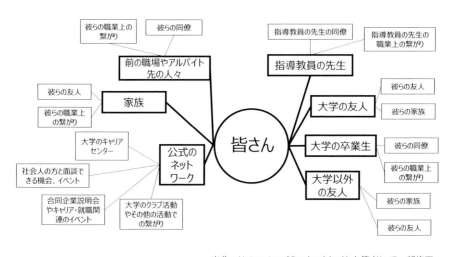

出典：University of Portland（n.d.）を筆者にて一部修正

8-3　キャリア・就職関連のイベント

　図表 8.1 で紹介した皆さんが持っている潜在的なネットワークの中で、皆さんの多くが将来参加してネットワーキングをすることになると

考えられる「キャリア・就職関連のイベント」について、もう少し詳しく見てみましょう。キャリア・就職関連のイベントには大きく 2 つの形式があります。それはキャリア講演会と合同企業説明会です。

キャリア講演会

　キャリア講演会では、企業等で働いている方が通常はボランティアで、その人自身のキャリアや学び、そして仕事内容について講演をしてくれます。その講演内容を通じて皆さんは、キャリアやその業界、職業について理解を深めることができます。このような講演会は大学の正課授業の中で実施されることもありますし、正課外のキャリア・就職支援イベントとして実施されることもあります。

合同企業説明会

　合同企業説明会とは、企業等の経営者や採用担当者と、内定候補者である皆さんが 1 つの場所に集い、皆さんがそれぞれの企業や組織の仕事内容や求人情報を知ることができるイベントです。合同企業説明会は大規模なホールで開催されることが多く、企業側はブースを設置し、そこで採用担当者が皆さんに、求人情報や応募プロセス、その他組織に関する様々なことを説明します。

　就職活動のための合同企業説明会は通常は 3 月に実施されますが、5 月〜 6 月頃にはインターンシップ情報に特化した形で、11 月〜 2 月頃にも業界研究に特化した形で実施されることがあります。

　また近年は、対面ではなくオンライン形式で開催されことが増えています。オンライン形式の合同企業説明会は自宅から参加することが出来るため、地方に住む大学生でも参加しやすい形式となっています。

8-4　キャリア・就職関連のイベントに参加する際の注意点

　先ほど紹介したキャリア講演会や合同企業説明会は、皆さんが社会人の方との新しいネットワークを構築する機会となります。せっかく時間を割いて、時には交通費をかけて参加するイベントですので、その時間

を有効活用できるよう、しっかり準備をして臨みましょう。以下、その準備手順の一例を説明します。

1. まず、自分が得たいソフト LMI をしっかり収集できるよう、心身の健康状態を整えておくようにしましょう。
2. 次に、そのイベントに参加して達成したい目的を明確にしておくと良いでしょう。それは例えば、特定のキャリアについてそのやりがいと大変さを詳しく知りたい、自分が志望する業界で実施されるインターンシップの内容と応募方法を知りたい、自分が志望する職業に就いている社会人の方から業界全体の文化や雇用環境、求められるスキルやそれぞれの企業の特徴に関する情報を得たい、といったことです。
3. 当日は、適切な服装で参加できるよう準備しましょう。ネットワーキングイベントに行くときは、ビジネスウェアを着る必要があります。プロフェッショナルな服装をしていれば、他の人からの信頼を得やすくなります。またオンラインのイベントであってもカメラオンにする場面があるかもしれませんので、服装を整えて参加すると良いでしょう。
4. 最後に、社会人の方と個別に話す機会があったときに備えて、30 秒程度の自己紹介を用意しておくと安心です。これには、皆さんの名前、専攻、これまでの経験、志望業界、そして皆さん自身をその人の記憶にとどめたり、あるいは相手の方に興味を持ってもらうための文言、あるいは少なくとも打ち解けるための文言を含める必要があります。自信を持って伝えられるように練習しておくと良いでしょう。

　ぜひ事前準備を入念に行い、これらのイベントを有効活用しましょう。

8-5 ソーシャルネットワーキング

　最後に、ソーシャルネットワーキングについて説明します。**ソーシャルネットワーキングとは、オンライン上で人々がコミュニティを作り、アイデアや提案、経験を共有すること**です。ソーシャルネットワーキングのためのウェブサイトでは、各ユーザーはプロフィールを持ち、他のメンバーと会話をしたり、投稿したりすることができます。ソーシャルネットワーキングとは、さまざまなプラットフォームやサイトを通じて、多くの人々と継続的にコミュニケーションをとることだと考えてください。ソーシャルネットワーキングは、大学や普段活動している場所を越えて皆さんの評判を高め、皆さんを知ってもらい、尊敬する人たちを世界中に作る機会を与えてくれます。**皆さんの専門知識や洞察力、活動に関心を寄せてくれる人たちがいることで、そのネットワークは大きく広がり、次のステップを決める際に大きな力を発揮する**ものです（Salpeter, 2013）。では、ソーシャルネットワーキングのために活用できるサービスにはどのようなものがあるのでしょうか。

図表8.2 世界の主要ソーシャルネットワーキングサービス月間アクティブユーザー数

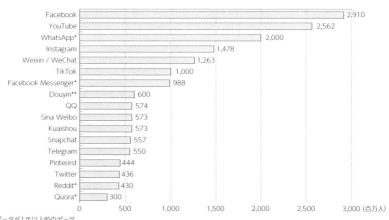

＊：最新データが1年以上前のデータ
＊＊：日次アクティブユーザー数

出典：総務省（2022）

128

　図表 8.2 は、世界の主要ソーシャルネットワーキングサービスの月間アクティブユーザー数をグラフ化したものです。図表 8.2 を見ると日本でもよく利用される Facebook や YouTube、Instagram、TikTok などもランクインしています。

　一方、日本で特によく利用されるソーシャルネットワーキングサービスもあります。図表 8.3 は、日本における主なソーシャルメディア系サービス／アプリ等の利用率(全年代・年代別)をグラフ化したものです。図表 8.3 を見ると日本では、Line と YouTube の利用割合が年代・性別問わず非常に高く、次いで、Instagram や Twitter、Facebook、さらに若い世代では TikTok の利用率が高いことが分かります。

図表8.3 日本における主なソーシャルメディア系サービス／アプリ等の利用率(全年代・年代別)

	全年代(N=1,500)	10代(N=142)	20代(N=213)	30代(N=250)	40代(N=326)	50代(N=287)	60代(N=282)	男性(N=759)	女性(N=741)
LINE	90.3%	93.7%	97.7%	95.6%	96.6%	85.4%	76.2%	88.0%	92.7%
Twitter	42.3%	67.6%	79.8%	48.4%	38.0%	29.6%	13.5%	42.7%	41.8%
Facebook	31.9%	19.0%	33.8%	48.0%	39.0%	26.8%	19.9%	32.4%	31.4%
Instagram	42.3%	69.0%	68.1%	55.6%	38.7%	30.3%	13.8%	35.3%	49.4%
mixi	2.3%	2.1%	3.8%	3.6%	3.4%	0.7%	0.4%	2.2%	2.3%
GREE	1.3%	2.1%	4.2%	1.2%	0.6%	1.0%	0.0%	1.8%	0.8%
Mobage	2.7%	4.9%	6.6%	2.4%	0.9%	2.4%	1.4%	3.8%	1.6%
Snapchat	1.5%	4.9%	5.6%	0.4%	0.3%	0.3%	0.4%	1.1%	2.0%
TikTok	17.3%	57.7%	28.6%	16.0%	11.7%	7.7%	6.0%	15.3%	19.4%
YouTube	85.2%	96.5%	97.2%	94.0%	92.0%	81.2%	58.9%	87.9%	82.5%
ニコニコ動画	14.5%	26.8%	28.2%	14.8%	12.0%	7.7%	7.8%	17.9%	11.1%

出典：総務省情報通信政策研究所 (2021)

　では、一般的に大学生はどの程度、こうしたソーシャルネットワーキングサービスを含んだソーシャルメディアを就職活動における情報収集に利用しているのでしょうか。図表 8.4 は、就職みらい研究所 (2022) が調査した、就職活動中に参考・活用したメディア (就職活動経験者／複数回答) の結果です。

図表8.4 学生が就職活動中に参考・活用したメディア（就職活動経験者／複数回答）

(%)

	全体	ホームページ	メールマガジン	個別の企業・組織団体等について紹介する、パンフレットや映像メディア（DVD等）	就職情報サイト	逆求人型の就職情報サイト	就職に関する書籍	大学にある求人票	学生同士のコミュニティサイト	ソーシャルメディア（Twitter、Instagram等）	動画配信サービス（YouTube等）	広告（新聞広告・屋内広告・公共交通機関の駅や車内の広告 等）
2023年卒 n=2918		79.1	46.1	29.3	77.0	28.2	16.1	15.0	19.9	22.3	23.3	5.2
前年差	-	-2.0pt	0.1pt	-1.8pt	1.6pt	0.0pt	-1.7pt	-2.3pt	-5.0pt	0.2pt	-1.3pt	-0.3pt

	全体	個別の企業・組織団体等の説明会・セミナー	就職情報企業が主催する合同企業説明会・セミナー	政府や自治体など行政が主催する合同企業説明会・セミナー	大学が主催する合同企業説明会・セミナー	大学から得られた情報（ガイダンスや各種資料、エントリーシートの添削、個別相談等）	リクルーターから得られる情報	OB・OGなど社会人の先輩から得られる情報	家族・親戚や知人	人材紹介会社	公共の職業照会サービス（ハローワーク）	その他
2023年卒 n=2918		36.4	31.9	4.8	29.1	17.0	11.6	12.9	13.5	3.2	1.3	0.4
前年差	-	-1.3pt	1.0pt	0.8pt	-1.1pt	0.9pt	-0.2pt	-0.7pt	0.4pt	-0.8pt	-0.3	0.3pt

出典：就職みらい研究所（2022）

　図表8.4を見ると、この調査では前年度より微減しているものの、22.3%の大学生が就職活動における情報収集にソーシャルメディアを活用していることが分かります。株式会社リクルート（2022）によると、中でもLineのオープンチャットを利用していたとする学生が多かったとされています。

　また海外ではLinkedInというソーシャルネットワーキングサービスがしばしば利用されます。LinkedInは世界最大のプロフェッショナル・オンライン・ネットワークと言われており、無料で参加・利用することができます。現在200カ国以上に7億人以上のメンバーがおり、学生や卒業者は最も急速に成長しているユーザーグループだとされています。他のソーシャルネットワーキングサービスと違い、LinkedInは主に、リーダーや専門家から学ぶため、キャリアを伸ばすため、新しい機会を探すために利用されることが多く、仕事やキャリアに関わる情報を企業や個人の発信から見つけることで情報源として活用でき、さらにフィードやメッセージを通じて同僚や取引先の人と繋がりを作ることができます（LinkedIn, n.d.）。

　特に海外でのキャリアの可能性を模索したいという方は、LinkedInに自分のプロフィールを登録してみても良いでしょう。

　このようにソーシャルネットワーキングには様々な種類のサービスがあり、年代や性別、国や地域、そして用途によって頻繁に利用されるサービスが異なります。ぜひそれぞれのサービスの特徴を詳しく確認し、信頼性がありかつ自分の目的に合ったサービスを利用するようにしましょう。

　また図表 8.4 から、ソーシャルメディア以外にも、学生同士のコミュニティサイトや、企業・組織団体等の説明会・セミナー、合同企業説明会、リクルーターから得られる情報、OBOG など社会人の先輩から得られる情報、家族・親戚や知人など、様々なソフト LMI が就職活動において活用されていることが分かります。

　ぜひ皆さんもこうしたソフト LMI を活用し、その業界や企業、職業に関する生の情報を収集していきましょう。

◆第8章のまとめ◆

- ソフトLMIとは、雇用者との面談や会話、特定の仕事に従事する人の経験談など、公式ではないさまざまな情報源から収集された情報を指す。
- ネットワーキングのプロセスには新しい繋がりを作ることだけでなく、すでに自分が持っている人とのつながりを見つけ、それを活用することも含まれる。有益な情報はしばしば、すでに自分が持っている友人関係やアルバイト先での関係、大学での関係から得ることができる。
- キャリア・就職関連のイベントには大きく2つの形式がある。それはキャリア講演会と合同企業説明会である。
- キャリア・就職関連のイベントに参加する時は、その時間を有効活用できるよう、しっかり準備をして臨むと良い。
- ソーシャルネットワーキングとは、オンライン上で人々がコミュニティを作り、アイデアや提案、経験を共有することを指す。
- 自分自身の専門知識や洞察力、活動に関心を寄せてくれる人たちがいることで、そのネットワークは大きく広がり、次のステップを決める際に大きな力を発揮する。
- ソーシャルネットワーキングには様々な種類のサービスがあり、年代や性別、国や地域、そして用途によって頻繁に利用されるサービスが異なる。それぞれのサービスの特徴を詳しく確認し、信頼性があり自分の目的に合ったサービスを利用する。

コラム 8

　図表 8.4 の下段に、OBOG とは別に「リクルーターから得られる情報」と記載されています。ではリクルーターとは何でしょうか。

　リクルーターとは、主業務として新卒採用を担当する社員とは別に、主業務は別に持っているが、企業の採用活動期間中、特別業務として学生とコンタクトを取り採用活動を行う社員のことを指します。リクルーターを担当するのは通常は、学生と年齢の近い若手社員であることが多いです。リクルーターを積極的に活用する業界・企業と、そうでないでない業界・企業があり、伝統的にリクルーターを積極的に活用する業界としては金融業界が挙げられます。株式会社ディスコ（2016）の調査によると、リクルーターとの接触で良かった点としては、事業内容や社風など企業理解が進んだ、選考に関するアドバイスがもらえた、志望動機を高めることができた、といったことが挙げられています。

　一方、リクルーターとの接触で良くなかった点として、採用選考プロセスが不透明だった、リクルーター面談より先に進めなかった、回数や頻度が多く負担だったと言ったことが挙げられています。またまれにリクルーターとの接触がトラブルに発展することがあります。リクルーターの方から頻繁に連絡があり精神的負担となっていたり、ハラスメントを受けた等、リクルーターとの間で何かトラブルがあった場合はすぐに大学のキャリアセンター等に相談するようにしましょう。

次回までの課題

①これまでにあなたが持っていたネットワークがあなたのキャリアにポジティブな影響を与えた経験について、300 字程度でまとめてください。
②これからのあなたのキャリア開発に有益なソフト LMI を得るためのアプローチや次のステップとして考えられることを考察し、300 文字程度でまとめてください。

引用・参考文献

LinkedIn. (n.d.). リンクトインについて.
https://www.meti.go.jp/shingikai/mono_info_service/digital_jinzai/
pdf/004_03_01.pdf（最終閲覧日：2023年1月31日）

Salpeter, M. (2013). *Social networking for career Success (Second edition).*
Learning Express Llc.

University of Portland. (n.d.). *Networking.*

University of Warwick. (2004). *LMI Matters!: Understanding labour
market information.*
https://warwick.ac.uk/fac/soc/ier/ngrf/effectiveguidance/
improvingpractice/lmi/lmi_matters_lsc.pdf（最終閲覧日：2023年1
月31日）

就職みらい研究所 (2022) 採用活動中間調査就職活動状況調査データ集
2023年卒
https://shushokumirai.recruit.co.jp/wp-content/uploads/2022/08/
seminerdata_20220726_01.pdf（最終閲覧日：2023年1月31日）

株式会社ディスコ (2016) 就活生に聞いた「リクルーターとの接触経験」
https://www.disc.co.jp/wp/wp-content/uploads/2016/09/
recruiters201609.pdf（最終閲覧日：2023年1月31日）

株式会社リクルート (2022) 新卒総括セミナー資料：2023年卒採用の
中間報告と2024年卒以降の就職・採用の展望.

総務省 (2022) 令和4年度版情報通信白書：情報通信白書刊行から50
年〜 ICTとデジタル経済の変遷〜.
https://www.soumu.go.jp/johotsusintokei/whitepaper/ja/r04/pdf/
index.html（最終閲覧日：2023年1月31日）

総務省情報通信政策研究所 (2021) 令和2年度情報通信メディアの利用
時間と情報行動に関する調査報告書＜概要＞.
https://www.soumu.go.jp/main_content/000765258.pdf（最終閲覧日：
2023年1月31日）

第9章

人工知能(AI)を活用した採用選考

事例 *9* 急に AI 面接を受けることになってしまった

　 J さんは経済法学部の 4 年生です。低学年のうちは進路を絞り切れず、あまり進路選択に向けての準備を行わなかった J さんでしたが、2 年生の冬休みに実家に帰省した際に、両親から、もし公務員になるつもりがあるなら大学の公務員試験対策講座の費用の一部をサポートしても良いと打診がありました。二人とも県庁職員である両親はかねてより J さんにも公務員になってほしいという強い希望を持っていました。しかし今大学で学んでいる経済や法律にあまり興味を持てない J さんは、公務員になることに少し不安がありました。一方で、大学の公務員対策講座に通うには十万円以上の費用がかかると聞いており、一部でもその費用をサポートしてもらえることは有難いことでした。せっかく費用をサポートしてもらえるのなら公務員を目指してみよう、と思った J さんは、3 年生の春から大学の公務員試験対策講座に通うことにしました。

　公務員試験対策講座に通い始めた J さんでしたが、やはり試験勉強は大変でした。また同じ講座に通う他の受講生とのモチベーションの差を感じ、本当にこのまま公務員を目指して良いのだろうかと悩んだ時期もありました。しかし、持ち前の継続力と粘り強さでなんとか試験直前まで講座に通い続け、いくつかの省庁・自治体を併願して受検した結果、ある市役所の一次試験を突破することができました。しかし一次試験に合格した市役所は第一志望ではなかったため、二次試験の内容をまだ詳しく調べていなかった J さん。慌ててその市役所の二次試験の内容を調べた結果に驚いてしまいます。その市役所の二次試験の中に「AI 面接」が含まれていたのです。J さんは AI 面接とはどのようなものなのか、どのような準備をすれば良いのかが全く分かりません。急いで対策講座の個別相談を予約しようとしましたが、予約がいっぱいで相談することができません。キャリアセンターの個別相談も調べてみましたがこちらも予約がいっぱいです。

　「AI 面接に向けてどのような準備をしたら良いのだろう」面接日まであと数日となった J さんは、すっかり困ってしまいました。

9-1 人工知能の定義と企業等の採用選考への導入

近年、企業等の採用選考における人工知能の導入が進んでいます。

総務省（2016）によると、**人工知能（Artificial Intelligence、以下「AI」と略）という言葉が初めて世に出たのは1956年の国際学会（ダートマス会議）だと言われており、AIとは「知的な機械、特に、知的なコンピュータープログラムを作る科学と技術」**であると説明されています。しかしAIは図表9.1のように、研究者によって様々に定義されています。

図表9.1 国内の主な研究者によるAIの定義

研究者	所属	定義
中島 秀之	公立はこだて未来大学	人工的につくられた、知能を持つ実態。あるいはそれをつくろうとすることによって知能自体を研究する分野である
武田 英明	国立情報学研究所	
西田 豊明	京都大学	「知能を持つメカ」ないしは「心を持つメカ」である
溝口 理一郎	北陸先端科学技術大学院	人工的につくった知的な振る舞いをするためのもの（システム）である
長尾 真	京都大学	人間の頭脳活動を極限までシミュレートするシステムである
堀 浩一	東京大学	人工的に作る新しい知能の世界である
浅田 稔	大阪大学	知能の定義が明確でないので、人工知能を明確に定義できない
松原 仁	公立はこだて未来大学	究極には人間と区別が付かない人工的な知能のこと
池上 高志	東京大学	自然にわれわれがペットや人に接触するような、情動と冗談に満ちた相互作用を、物理法則に関係なく、あるいは逆らって、人工的につくり出せるシステム
山口 高平	慶応義塾大学	人の知的な振る舞いを模倣・支援・超越するための構成的システム
栗原 聡	電気通信大学	人工的につくられる知能であるが、その知能のレベルは人を超えているものを想像している
山川 宏	ドワンゴ人工知能研究所	計算機知能のうちで、人間が直接・間接に設計する場合を人工知能と呼んで良いのではないかと思う
松尾 豊	東京大学	人工的につくられた人間のような知能、ないしはそれをつくる技術。人間のように知的であるとは、「気づくことのできる」コンピュータ、つまり、データの中から特徴量を生成し現象をモデル化することのできるコンピュータという意味である

出典：総務省（2016）

　ではこの AI は、現在どの程度、企業等の採用選考への導入が進んでいるのでしょうか。就職みらい研究所（2019）の調査では、新卒採用に AI を導入している企業はわずか 2.3%にとどまっていますが、従業員 5,000 名以上の企業においては 25.7% の企業が、今後採用選考に AI を導入することを検討していると回答しています。

　また中途採用に関するデータではありますが、株式会社マイナビ（2022）の調査では、採用者と自社とのマッチングの満足度の理由として「AI 面接など、テクノロジーを導入した」と回答した企業が 13.2% となっており、こちらも従業員規模が「301 〜 1,000 名」で 18.4%、「1,001 名以上」で 16.2% と、中〜大規模の企業での導入が進んでいることが分かります。業界別にみると、「メーカー」が最も高く 20.5%、次いで「運輸・交通・物流・倉庫」が 15.6%、「IT・通信・インターネット」が 15.0% となっています。

　では、企業等の採用選考において AI が導入されているのは面接の場面のみなのでしょうか。このことについて森田（2021）は、**国内外の先行研究を調べた結果、以下の 4 つの場面において AI の導入が進むと考えられる**としています。

- **データ分析から予測等に基づくスクリーニング**：応募者の経験やスキルを学習し、そのパフォーマンスと離職率を分析することで候補者リストを作成する。
- **書類選考**：AIを使ったスクリーニングソフトウエアで履歴書やエントリーシートのスキャンを行い次のステップに進む候補者を決定する。
- **面接**：AIを使ったデジタルインタビューソフトウエアで応募者と仕事のマッチングを行う。
- **応募者との（面接以外の）コミュニケーション**：チャットボットを利用して採用候補者の候補者体験[1]を改善する。

4　候補者体験とは一般的には、ある企業の採用選考プロセス全体に対する採用候補者の認識のことを指します。

このことから、よく話題に上る AI 面接以外にも、採用選考の様々な場面において、今後、AI が導入・活用される可能性があることが分かります。

9-2　採用選考における AI 導入に対する大学生の意識
　こうした動向について皆さんはどのように感じますか。AI によってエントリーシートの合否が決まったり AI と面接をしたりすることに、少し戸惑いを感じたり、不安に感じる人もいるかもしれません。
　これまでの調査でも、採用選考における AI 導入に対する大学生の反応はおおむね否定的です。例えば、株式会社ディスコ（2018）の調査では、「AI が自分に合う企業をお勧めしてくれる」ことに対しては、「とても良いと思う」または「良いと思う」という肯定的な回答が 67.6% となりました。一方で、「AI に書類選考の合否を判定される」ことに対しては、「とても良いと思う」または「良いと思う」という肯定的な回答が 29.6%、「AI に面接試験の合否を判定される」ことに対しては同じく肯定的な意見が 17.9% となり、いずれも低い割合でとどまる結果となっています（図表 9.2）。

図表9.2 企業探しや採用試験に AI が導入されることについての考え

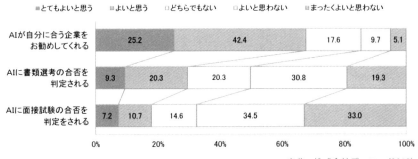

出典：株式会社ディスコ（2018）

　では、こうした大学生の否定的な反応は、どのようなことから生じているのでしょうか。またその不安を解消するために皆さんにできる準備

にはどのようなものがあるのでしょうか。

9-3　採用選考における AI 導入に対する不安の原因

　採用選考における AI 導入に対する不安の原因を、森田（2021）の調査結果をもとに紹介したいと思います[5]。この調査では大学生に対してアンケート調査を実施し、その自由記述の回答を分析しました。その結果、まず自由記述に多く使われている言葉の分析から、以下の 3 点が明らかになりました。

- 回答者（大学生）は、AI の活用を、他のテクノロジーではなく「人間（人）」が行う場合と対比して考えている可能性がある。
- 回答者（大学生）は、9-1 で述べた採用選考において AI の導入が進むと考えられる 4 つの場面のうち、主に「書類選考」と「面接」という場面に集中して回答している可能性がある。
- 回答者（大学生）の AI 導入に対する否定的な意見は、合否判定を AI が行うことと関連している可能性がある。

　次に、森田（2021）は自由記述の内容を分析し、いくつかのクラスターを抽出しました。その結果、以下の 5 つのクラスターを抽出しています。

図表9.3　クラスター分析と各クラスターの特徴

クラスター	特　　徴
クラスター 1	AI は効率的だが学生が持つポテンシャルを見抜けないと思う。
クラスター 2	AI と人と両方が見て判断することを希望する。
クラスター 3	公平な評価・判断は期待できるが人の本質や人間性を見抜けるか不安である。
クラスター 4	組織風土やそこで働く人との相性のようなものは人が判断すべきであると思う。
クラスター 5	最終面接だけは人が行うことを希望する。

出典：森田（2021）表3を筆者にて簡略化して作成

5　調査の詳細については森田（2021）をご確認ください。

図表9.3の5つのクラスターのうち、最もボリュームの大きいクラスターはクラスター3でした。このクラスターは採用選考におけるAI導入に対してやや中立的な立場をとるクラスターです。AI導入によって公平な評価・判断ができることに期待を寄せつつも、AIによる人の本質や人間性の見極めに不安を持っています。

　クラスター1もクラスター3と同様AI導入に対して賛否両論を持っていますがクラスター3と比較するとやや強い否定を表す記述もありました。反対する根拠としては、AIが学生が持つポテンシャルを見抜けないという点です。またクラスター4では、AIは組織風土やそこで働く人と学生との相性のようなものの見極めが難しいと考えられていました。

　クラスター2とクラスター5はいずれも、他のクラスターと比較するとAI導入に対して肯定的なクラスターですが、それでもAI単独ではなくAIと人と両方が見て判断すること、なかでも最終面接だけは人が行うことを回答者が希望していることが分かります。

　これらの結果から、**採用選考におけるAI導入に対する大学生の否定的な意見は、主に、AIが以下の内容を見抜けないのではないかという疑問から生じていると推測できます。**

- 人（学生）の本質や人間性
- 学生が持つポテンシャル
- 組織風土やそこで働く人と学生との相性

　また、AIと人と両方が見て判断すること、なかでも最終面接だけは人が行うことを希望する、という意見から、**AIだけで書類や面接の合否が決定するのではないか、という疑問からも不安が生じていると推測できます。**

9-4　採用選考における AI への準備と心構え

　ここまで、採用選考における AI 導入に対する大学生の不安がどのようなことから生じているのかについて説明してきました。では採用選考における AI 導入に対する不安を解消するために、皆さんにできる準備にはどのようなものがあるのでしょうか。森田（2021）に基づき、3 点紹介したいと思います。

　まず 1 点目として、**採用選考における AI 導入の場面は書類選考と面接だけではないという点を認識しておく必要があります**。例えば、2019年に話題になった「リクナビ問題」もその一例です。リクナビ問題とは、2019 年 8 月 1 日、就職情報サイト「リクナビ」を運営するリクルートキャリアが、就活学生の「内定辞退率」を本人の十分な同意なしに予測し 38社に有償で提供していたと報道されたことに端を発し、報道機関や就活学生からの強い批判を受けたリクルートキャリアは、謝罪と「内定辞退率」を提供していた「リクナビ DMP フォロー」というサービスの中止を表明するに至った（森田, 2019）一連の出来事を指します。書類選考や面接など比較的わかりやすい AI 導入がある一方で、このリクナビ問題のように外からは分かりにくい場面においても AI が導入されているケースがあり、自分自身のデータが気づかないうちに AI によって分析され、それが自分自身の採用選考に影響している可能性があることが分かります。まずはこうした AI の導入状況や導入可能性を理解しておく必要があるでしょう。

　2 点目として、**AI によって見極めることができる人間の能力や特性に関する知識を身につけておく必要があります**。例えば山﨑（2019）は、日本初の人工知能による AI 面接サービス「SHaiN（シャイン）」の事例を取り上げ、AI が見抜くことができる 11 の資質として図表9.4の能力をあげています[6]。

---

[6]　山﨑（2019）によれば、(1)～(7)の資質については質問によって判断でき、(8)～(11)の資質については観察によって判断できるとされています。

図表9.4 AI面接で知ることができる11の資質

資　質	説　明
(1) バイタリティ	課題をやり遂げようと、最後まで自己を投入させていく能力
(2) イニシアティブ	より高い目標に向けて、自ら進んでなすべきことを考え出し、他に先んじて行動を開始する能力
(3) 対人影響力	個人や集団に対して働きかけ、目標達成の方向にまとめていく能力
(4) 柔軟性	状況に応じて、自分の行動やアプローチを修正・適応していく能力
(5) 感受性	個人や集団の感情や欲求を感じ取り、それに適切に反応する能力
(6) 自主独立性	周囲の意見や反応に惑わされず、自分の信念に基づき職務を遂行する能力
(7) 計画力	標達成に向けて、与えられた経営資源を、効果的に計画・組織立てる能力
(8) インパクト	自信ある態度や親しみやすい雰囲気で他から注目を引き、自分の存在を強く印象づける能力
(9) 理解力	会話や文章の中から、その要点を正しくかつ速く理解する能力
(10) 表現力	自分の考えや情報を、会話や発表の場面で明確・効果的に表現する能力
(11) ストレス耐性	諸々の圧力や抵抗の中でも、心理的に安定して課題をやり遂げる能力

出典：山﨑 (2019)

　一方で山﨑 (2019) は、採用選考における AI 面接は、文化的・哲学的な不一致の判断に適さないと指摘しており、実際の採用面接においては、AI 面接官をサブ的な役割として利用する、もしくは、一次で AI 面接を導入し、二次以降の最終面接は役員が行うといった方法を提案しています。このことは3点目に皆さんが身につけておくべきことにも繋がりますが、AI には得意な見極めと不得意な見極めがあり、実際の採用面接ではこのことを踏まえて、AI と人の両方が皆さんの能力や特性を見極めている可能性が高いと考えることができます。

　3点目として、**企業等の採用選考における AI 導入の実際についての知識を身につけておく必要があります**。学生の方の AI に対する否定的な

意見は、AI だけで書類や面接の合否が決定するのではないか、という疑問からも生じていました。では実際の採用選考においてはどのように合否が決定されているのでしょうか。このことについて、例えば労務行政研究所（2018）はソフトバンク株式会社の採用選考における AI による エントリーシート選抜の事例を取り上げ、ソフトバンク株式会社では、AI（Warson）が合格と判定したものは選考通過させ、不合格としたもののみを人間（採用担当者）が改めて確認し、合否を判定していると紹介しています。このように企業側では、AI 導入による採用業務の効率化を行う一方で、応募者側にとって選考プロセスへの不信感につながる事態を回避するための配慮が働いていると推測されています。

　このように、**AI が見極められることや、企業等の採用選考における AI 導入の場面、使用法に関する知識を身につけると、AI 導入に対する不安が少しずつ解消されていく**と思います。ぜひ皆さんも日頃から AI や新しいテクノロジーが自分のキャリアや進路選択、就職活動にどのような影響を与えるのか、様々な情報源を確認し、正しい知識を身につけるようにしましょう。

- 人工知能（Artificial Intelligence、以下「AI」と略）という言葉が初めて世に出たのは1956年の国際学会（ダートマス会議）で、AIは「知的な機会、特に、知的なコンピュータープログラムを作る科学と技術」であると説明されている。

- 今後、採用選考の4つの場面においてAIの導入が進むと考えられる。それは、データ分析から予測等に基づくスクリーニング、書類選考、面接、応募者との（面接以外の）コミュニケーション、である。

- 採用選考におけるAI導入に対する大学生の否定的な意見は、主に、AIが以下の3点を見抜けないのではないかという疑問から生じていると推測できる。それは、人の本質や人間性、学生が持つポテンシャル、組織風土やそこで働く人との相性のようなもの、である。AIだけで書類や面接の合否が決定するのではないか、という疑問からも不安が生じていると推測できる。

- 採用選考におけるAI導入の場面は書類選考と面接だけではないという点を認識しておく必要がある。

- AIによって見極めることができる人間の能力や特性に関する知識を身につけておく必要がある。

- 企業等の採用選考におけるAI導入の実際についての知識を身につけておく必要がある。

- AIが見極められることや、企業等の採用選考におけるAI導入の場面、使用法に関する知識を身につけると、AI導入に対する不安点が少しずつ解消される。

📄🔍 コラム *9*

　実際の AI 面接とはどのようなものなのでしょうか。図表 9.4 であげた 11 の資質を見極めることができるとされている AI 面接サービス「SHaiN（シャイン）」の事例を見てみましょう。

　株式会社タレントアンドアセスメント（2020）によると、このサービスでは面接を、その人物の話を聞く「ヒアリング」とヒアリングをもとにその人物の能力を「評価する」という 2 つの作業に分け、「ヒアリング」部分を「AI 面接官」が、「評価」してレポートを作成する部分をこの企業のスタッフが行うとしています。そして合否の判断は、採用選考を実施している企業の採用担当者が行うとしています。

　また面接時間は約 60 分で、例えば学生である皆さんは AI 面接官から「これまでの仕事やアルバイト、学生生活などで、とても苦労したことや困難な状況を乗り越えたという経験はありますか？『はい』か『いいえ』でお答えください」と質問されます。受験者が「はい」と答えたら、さらに詳しくその内容を聞きます。また「困難な状況を乗り越えた経験」の内容が曖昧でよくわからない場合は「もう少し詳しくお聞かせください」という質問をされます。また図表 9.4 で観察により判断できるとされた項目については、質問は設定されていません。

　こうした仕組みを理解しておくと、AI 面接にも落ち着いて臨むことができるでしょう。

📝 次回までの課題

① 今後、採用選考のどのような場面でAIの導入が進むとされているか、本書やその他の文献を参考に300字程度でまとめてください。
② 実際にAI面接を導入している企業等を検索し、その企業がどのような目的でAI面接を導入したのかについて調べたり考察し、企業にとってAI面接を導入するメリットを300字程度でまとめてください。

引用・参考文献

労務行政研究所 (2018) HRテクノロジーで人事が変わる：AI時代における人事のデータ分析・活用と法的リスク，株式会社労働行政.

就職みらい研究所 (2019) 就職白書2019.
　https://shushokumirai.recruit.co.jp/wp-content/uploads/2019/05/hakusyo2019_01-56_0507up.pdf（最終閲覧日：2023年1月31日）

山﨑俊明 (2019) AI面接官導入のメリット，マッセOsaka研究紀要, 22, 29–43.

株式会社タレントアンドアセスメント (2020) SHaiNで御社の採用が変わる！.
　https://www.job-harima.jp/harima/img/ai/ShaiN.pdf（最終閲覧日：2023年1月31日）

株式会社ディスコ (2018) 3月1日時点の就職活動調査：キャリタス就活2019学生モニター調査結果.
　https://www.disc.co.jp/wp/wp-content/uploads/2018/03/2019monitor_201803.pdf（最終閲覧日：2023年1月31日）

株式会社マイナビ (2022) 中途採用状況調査2022年版（2021年実績）.
　https://career-research.mynavi.jp/wp-content/uploads/2022/04/tyutosaiyoujyoukyoutyousa2022.pdf（最終閲覧日：2023年1月31日）

森田佐知子 (2021) 大学のキャリア形成支援におけるAI教育の必要性：採用選考におけるAI導入への学生の意識に着目した探索的研究. 大学教育研究ジャーナル, 18, 26–35.

森田岳人 (2019) リクナビの「内定辞退率」提供事案に見る法的問題点. M&P Legal Note 2019, 6(1), 1–7.

総務省 (2016) 平成28年版情報通信白書.
　https://www.soumu.go.jp/johotsusintokei/whitepaper/ja/h28/pdf/28honpen.pdf（最終閲覧日：2023年1月31日）

第 10 章

デジタルキャリア・リテラシー

事例 *10* 色々な情報を見れば見るほど不安になっていく

　Kさんは教育学部の4年生です。教師になろうと思って教育学部に入学しましたが、教育実習を通じて、自分自身の特性と教師に求められる力がマッチしていないのではないかと感じるようになりました。そこでそのことについて指導教員の先生や両親ともよく相談し、教師ではなく民間企業を目指すことにしました。

　これまで教師だけを目指してきたKさん、民間企業の就職活動に関する知識がほとんどありません。そこで大学のキャリアセンターに相談に行くと、いますぐ就職活動を開始しないと受験できる企業が少なくなると助言され、慌てて就職活動を開始しました。

　就職活動の大まかなスケジュールや流れなどはキャリアセンターの方に教えてもらうことができましたが、自分が興味を持った企業における仕事内容や採用選考はどのようなものなのか、詳しい情報が分かりません。周囲の友人はみな教員を目指しているので、相談できる人も身近にはいませんでした。

　そこでKさんは、様々な就職情報サイトや口コミサイト、LINEのオープンチャット等のソーシャルメディアを使って詳細な情報収集をすることにしました。就職活動が進むにつれて徐々に志望業界が絞れてきて、いくつか本命となりそうな企業も見つけました。そんな就職活動中のある休日にふと、気になる企業の口コミサイトを見てみると、そこにはその企業の残業時間などに関するネガティブな情報が掲載されていました。不安になったKさんは他の口コミサイトも見てみましたが、やはりそこにもいくつかネガティブな口コミが書かれていました。

　Kさん自身がお会いしたその企業の社員の方は残業時間が長いとは話していませんでしたし、質問に対しても誠実に答えてくれていたように見えました。しかしオンラインの説明会だったのでその企業の実際の職場までは確認できていません。気になってオンライン上の情報を見れば見るほど、様々な情報が出てきます。「一体、どの情報を信じたら良いのだろう」Kさんはインターネットでの情報収集の難しさに途方に暮れてしまいました。

10-1　デジタル社会におけるキャリアデザインの課題

　ここまで第 3 部では「社会に関する情報を集める」というテーマで、2 つの職業に関する情報について（ハード LMI とソフト LMI）、そして近年採用選考において活用が進む AI 導入についても説明してきました。

　これまでに見てきた通り、デジタル技術は皆さんのキャリアデザインにおいて、特に情報収集の面でたくさんのメリットをもたらしてきました。今では皆さんは、インターネットを介して膨大な情報にアクセスできますし、企業等の企業説明会や面接もオンラインの普及により自宅から参加できるようになりました。またソーシャルネットワーキングサービスを利用すると、これまでに直接会ったことの無い人とオンライン上で繋がり有益な情報や助言を得ることもできます。

　一方で、皆さんもここまで学習して気が付かれたこともあったと思いますが、**デジタル技術の進歩によって皆さんのキャリアデザインにおける新たな課題も生じてきています**。本章ではそれらの課題とそれに対応するために皆さんが身につけておくべき知識や能力について説明します。

　まず、キャリアデザイン分野におけるデジタル技術の活用において、長年先行研究で指摘されていることとしてアクセシビリティの課題があります（森田, 2021）。アクセシビリティとは、英語では "Accessibility" で、「近づきやすさ」、「利用のしやすさ」、「便利であること」などと訳されています（情報通信アクセス協議会, n.d.）。情報通信アクセス協議会（n.d.）は、一般的には、アクセシビリティは、利用者が機器・サービスを円滑に利用できること、という場合に使われ、現代社会では、高齢者や障害の有無などにかかわらず、すべての人が容易に開かれた情報通信の世界へアクセスできる「情報通信アクセシビリティ」が求められていると指摘しています。すでにパソコンやスマートフォンなどで自由にインターネットにアクセスできる環境を確保できている人も多いと思いますが、ここで少し、日本におけるデジタル技術へのアクセシビリティの現状について見てみましょう。

10-2　アクセシビリティに関する課題

　日本におけるインターネットの利用率は、13 歳から 59 歳までの各階層では 9 割を超えている一方で、60 歳以降では年齢階層が上がるにつれて利用率が低下しています（図表 10.1）。またインターネットの利用率は、地域や世帯年収によって異なることが指摘されています（図表 10.2、10.3）。

図表 10.1　年齢階層別インターネット利用率

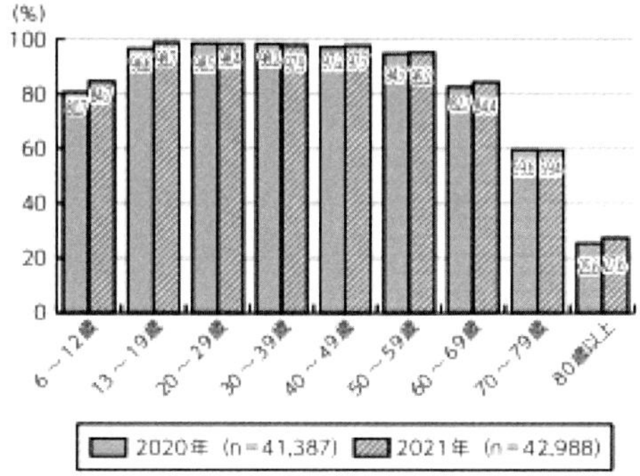

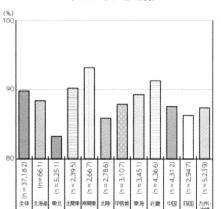

出典：総務省（2022）

図表 10.2　インターネット利用率 （2020 年、地域別）

図表 10.3　インターネット利用率 （2020 年、世帯年収別）

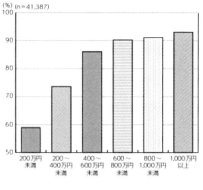

出典：総務省（2021）

人生 100 年時代と言われる現代社会においては、企業等を定年退職した後も、自分自身が培ってきた広範な知識やスキルを活かして別の仕事や活動に取り組むことができる時代です。**高齢者の方や障害者の方も含めて、全ての人が新しいデジタル技術にアクセスできる環境を構築できれば、より多くの個人が社会と繋って人生をより豊かなものにしたり、自分が培ってきた知識やスキル、経験を活かして社会に貢献できる機会も広がります。**

　ちなみに総務省（2021）は、日本におけるデジタル化について、デジタルインフラ整備など一部では世界的に見て進んでいるものの、全体としては大幅に後れている、と指摘しています。その例えとして挙げられているものの 1 つとして、デジタル競争力ランキングがあります。
　デジタル競争力ランキングとは、63 カ国・地域を対象に、デジタル技術の利活用能力を、（1）知識（Knowledge）、（2）技術（Technology）、（3）未来への対応（Future Readiness）から評価しており、今回で 6 年目を迎える（日本貿易振興機構 国際経済課, 2022）ランキング指標です。総務省（2021）によるとこのランキングにおいて日本の総合順位（2020）は 27 位で、（1）知識 22 位、（2）技術 26 位、（3）未来への対応 26 位となっています。中でも（1）知識の下位カテゴリにある「人材」のランキングは 46 位となっています。「人材」にはさらに 6 つの下位カテゴリがありますが、その中でも「国際経験」63 位と「デジタル／技術スキル」62 位は、63 カ国中最下位レベルとなっています。
　ではなぜ日本はデジタル化において後れを取ったのでしょうか。この理由として同じく総務省（2021）は、ICT 投資の低迷や業務改革等を伴わない ICT 投資、ICT 人材の不足・偏在、過去の成功体験など、国全体や企業等における課題をあげていますが、それらに加えて、個人におけるデジタル化への不安感・抵抗感（情報セキュリティやプライバシー漏洩への不安）や個人におけるデジタルリテラシーが十分でないことも課題としてあげています。
　そこで次節以降では、情報セキュリティやプライバシー漏洩、そして個

人のデジタルリテラシーにおける課題について説明したいと思います。

10-3　情報の信頼性・妥当性と情報セキュリティに関する課題

　本節では、先ほどの情報セキュリティに関する課題に加え、皆さんの情報にもとづくキャリアの意思決定に大きな影響を与える労働市場情報の信頼性・妥当性に関する課題についても説明します。

　労働市場情報の信頼性・妥当性の問題もまた、欧米でコンピュータによるキャリア支援システムが開発された 1960 年代以降、長く指摘されてきた課題の 1 つです。 室山（2002）によると、当初、個人に対するキャリア支援システムは著名なキャリアや意思決定の理論家によって開発され、キャリア支援プロセスに関する理論に基盤を置くシステムが、利用者に自己評価と意思決定のための段階的なプロセスを提供していました。ところが、1970 年代になるとキャリア支援システムは、利用者に職業、学校、奨学金などに関する広範なデータベースを通じた検索と詳細情報を提示するだけになり、非理論的、または理論的な基盤を持たないシステムが多くみられるようになりました。1980 年代、90 年代になるとさらに技術革新が進み、利用者が受け取る情報はより刺激的になりその情報量も増大する一方で、信頼性・妥当性の面で問題があるにもかかわらずWeb ベースで安易にシステムが組まれてしまう状況が続いてきました。

　いまこの書籍を読んでいる皆さんも、日々、職業やキャリア、就職活動に対する膨大な情報に囲まれて暮らしていることと思います。就職年次になると、登録した就職情報サイトや逆求人サイト、エントリーした企業、そして大学のキャリアセンター等から、毎日たくさんの情報が届き、どの情報が自分にとって必要な情報なのか、どの情報が信頼できる情報なのかを見極めることも難しくなってきます。さらに、皆さんがインターネット上で、もしくは就職ナビサイト上で受けた適職診断の結果やインターンシップへのエントリー情報、登録した自己 PR 情報など、様々なキャリアに関わる個人情報が適切に保管、利用、破棄されているのか不安を感じる方も多いでしょう。

10-4 ソーシャルメディアを利用したキャリアデザインに関する課題

　また2010年以降のソーシャルメディアの台頭と普及により、新たな課題も生じています。第8章でも少し説明しましたが、ソーシャルメディアは「ブログ、ソーシャルネットワーキングサービス（SNS）、動画共有サイトなど、利用者が情報を発信し、形成していくメディア（総務省, 2018a）」と定義され、利用者同士のつながりを促進する様々なしかけが用意されており、互いの関係を視覚的に把握できるのが特徴であるとされています。

　ソーシャルメディアのもたらす効果には様々なものがありますが、個人のソーシャルメディアの利用方法は国によって少し異なります。総務省（2018b）によれば、アメリカ、ドイツ、イギリスと比較すると、日本では、新しいつながり創出と既存のつながり強化に関する項目においていずれも最下位となっており、他国と比較して他人とのつながりを得るよりも、情報の収集や暇つぶしの手段といった点にメリットを感じながらソーシャルメディアを利用している人が多いとされています（図表10.4）。

図表10.4 ソーシャルメディアがもたらす効果（複数回答、国際比較）

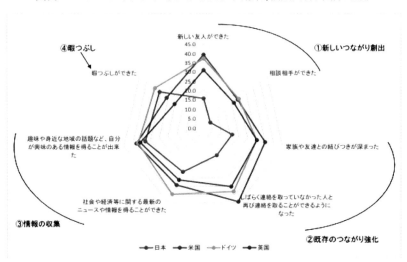

※サンプル数は、日本は967、アメリカは946、ドイツは846、英国は942

出典：総務省（2018b）

　しかし、どのような利用方法をしていたとしても、ソーシャルメディアというテクノロジーが持つ特徴により、キャリアデザインへの利用においてはいくつかの課題が指摘されています。

　例えば Staunton（2016）は、ソーシャルメディアが持つ繋がりを軸としたキャリア学習に注目し、こうした**個人のデジタルネットワーク活用能力は、その人の教育的背景、生活環境、健康状態等により影響を受ける**ため、階級や地位、権力といった要因が個人のデジタルリソース活用能力に大きく影響することを指摘しています。

　また Buchanan（2017）は、ソーシャルメディアの特徴の 1 つでもあるデジタルフットプリントに着目しています。デジタルフットプリントとはインターネットやデジタル機器上で行われた、追跡可能なデジタルアクティビティ、アクション、投稿、通信の独自のセットのことで、オンライン活動の結果としてインターネット上に存在する情報のこと（名和, 2021）を指します。Buchanan（2017）はオーストラリアの事例をもとに、人々は、人生の機会とキャリア開発を最大化するためにポジティブなデジタルフットプリントを構築するよう教えられるべきだが、教育機関はこれに適切に対応していない、つまり、**学校等で教えられているデジタルリテラシーと求人市場における交渉に役立つデジタルリテラシーには乖離がある**ことを指摘しています。同じく名和（2021）も、テクノロジーが普及するにつれ、採用プロセスでのコスト削減とアクセスのしやすさを理由として、ソーシャルメディアでのやり取りを通じて応募者をデジタルフットプリントで評価する雇用者が増えていることを指摘し、強力なオンラインプレゼンスは、生計を確保または維持するために重要な場合があると述べています。

　では、デジタル社会においてキャリアをデザインしていく個人は、今後、キャリアに関わるどのようなデジタルリテラシーを身につけていく必要があるのでしょうか。

10-5 デジタルキャリア・リテラシー

Hooley（2012）は、個人はインターネット技術にアクセスし、それらを技術的にどう使うか学び、それらを社会的・経済的参加にどう役立てるかを学ぶ必要があると指摘しています。そのうえで、それらの能力と既存のキャリアマネジメントスキルを組み合わせたスキルを「デジタルキャリア・リテラシー」と定義しました。Hooley（2012）によれば、**デジタルキャリア・リテラシーとは「キャリアを追求し、オンライン環境を活用するために必要な知識・スキル・態度」のことで、情報リテラシー、デジタルリテラシー、キャリアマネジメントスキルを効率的に開発していくことを指します。**またそれは、オンライン環境を利用して情報を検索し、人と連絡を取り、質問に答えてもらい、ポジティブな職業上の評判を構築する能力であるともしています。

では、デジタルキャリア・リテラシーとは具体的にはどのようなものなのでしょうか。Hooley（2012）におけるデジタルキャリア・リテラシーのフレームワークを図表10.5に示します。

このフレームワークはインターネットがキャリアデザイン力やキャリアに関するコンピテンシーをどのように再構築するかを明確にしたものとなっており、リサーチや情報管理能力、対人能力、様々な形態のオンラインコンテンツを作成する能力、オンライン上の個人ブランドを管理する意欲など、オンラインでのキャリアデザインの複雑さを表しています（Hooley et al., 2015）。

このフレームワークは確立された唯一のものではありませんが、複雑化するデジタル社会におけるキャリアデザインを行っていく上で身につけるべき力や意識しておくべきことを考察する手がかりとなります。

図表10.5 デジタルキャリア・リテラシーの7つのC

Changing（変化）	変化するオンライン・キャリアの状況を理解し、それに適応する能力やキャリア構築のために新しいテクノロジーを使いこなす能力
Collecting（収集）	キャリアに関する情報やリソースを収集、管理、取得する能力
Critiquing（批評）	オンラインのキャリア情報およびリソースの性質を理解し、その出所を分析し、それぞれの情報を批評する能力
Connecting（繋がり）	キャリア形成に役立つ人間関係やネットワークをオンライン上で構築する能力
Communicating（伝える）	さまざまなプラットフォーム上で効果的に交流する能力、様々な相互作用の種類やネチケットを理解してそれらをキャリアの文脈で活用する能力
Creating（創造）	自分自身や自分の興味関心、キャリア経歴を効果的に表現するオンラインコンテンツを作成する能力
Curating（キュレーティング）	キャリア形成の一環として、自分のデジタルフットプリントやオンライン・ネットワークを振り返り、開発していく能力

出典：Hooley（2012）を筆者にて翻訳

◆第10章のまとめ◆

- デジタル技術の進歩によって個人のキャリアデザインにおける新たな課題が生じている。
- キャリアデザイン分野におけるデジタル技術の活用において、長年先行研究で指摘されていることとしてアクセシビリティの課題がある。
- 高齢者の方や障害者の方も含めて、全ての人が新しいデジタル技術にアクセスできる環境を構築できれば、より多くの個人が社会と繋がり、自分が培ってきた知識やスキル、経験を活かして社会に貢献できる機会が広がる可能性がある。
- 労働市場情報の信頼性・妥当性の問題もまた、欧米でコンピュータによるキャリア支援システムが開発された1960年代以降、長く指摘されてきた課題の1つである。
- 個人のデジタルネットワーク活用能力は、その人の教育的背景、生活環境、健康状態等により影響を受ける。
- 学校等で教えられているデジタルリテラシーと求人市場における交渉に役立つデジタルリテラシーには乖離があることが指摘されている。
- デジタルキャリア・リテラシーとは「キャリアを追求し、オンライン環境を活用するために必要な知識・スキル・態度」のことで、情報リテラシー、デジタルリテラシー、キャリアマネジメントスキルを効率的に開発していくことを指す。
- デジタルキャリア・リテラシーのフレームワークは、確立された唯一のものではないが、複雑化するデジタル社会におけるキャリアデザインを行っていく上で身につけるべき力や意識していくことを考察する手がかりとなる。

📄🔍 コラム *10*

　本章では、デジタル社会におけるキャリアデザインの課題について集中的に説明しましたので、中にはデジタル化が進むことで様々なことが複雑になっていき、デジタル社会でキャリアをデザインしていくことの難しさを感じた人もいるかもしれません。

　一方で、デジタル技術の進歩により、新しい有益なキャリア学習ができるようにもなってきています。例えば Collins & Halverson（2020）の冒頭では、15 歳の少女が、自分が学びたいことを実現するためにインターネット上のコミュニティに参加してたくさんの有益な情報や助言を得たところから物語が始まり、次第に自分の作品を投稿することで多くの支援者を獲得し、さらに彼らとともに働いたり、時には彼女自身が誰かに情報提供したり教えたりしながら、「アフィニティスペース（共通の関心や情熱を持った人々が集い、学び、成長する空間）」を巡る旅をする様子を描写しています。オンラインに限らずこうしたコミュニティは学習研究や経営研究においては「実践共同体」とも呼ばれ、自分が所属する組織の境界を越えて、皆さんのキャリアデザインをサポートしてくれる存在として注目されています。

　このようにデジタル技術やソーシャルメディアの発達により、オンライン上のコミュニティでキャリアに関する有意義な学びを得ることもできます。本章で学んだことを心に留めつつ、デジタル技術をキャリアデザインに有意義に活用できる力を身につけていきましょう。

📝 次回までの課題

① 本書や他の文献を参考に、デジタル時代におけるキャリアデザインのメリットとデメリットについて考察し、400 〜 500 文字程度でまとめてください。

② 自分自身が今後、身につけていきたいデジタルキャリア・リテラシーを考察し 250 文字程度でまとめてください。

引用・参考文献

Buchanan, R. (2017). Social media and social justice in the context of career guidance: Is education enough?, *Career Guidance for Social Justice*. Routledge.

Collins A., & Halverson R. (2020). デジタル社会の学びのかたち：教育とテクノロジの新たな関係 (稲垣忠, Trans.; Ver.2), 北大路書房.

Hooley, T. (2012). How the internet changed career: Framing the relationship between career development and online technologies. *Journal of the National Institute for Career Education and Counselling*, 29(1), 3–12. https://doi.org/10.20856/jnicec.2902

Hooley, T., Shepherd, C., & Dodd, V. (2015). *Get yourself connected: Conceptualising the role of digital technologies in Norwegian career guidance*. University of Derby.

Staunton, T. (2016). Social media, social justice? Consideration from a career development perspective. *Journal of the National Institute for Career Education and Counselling*, 36, 38–45.

名和利男 (2021) デジタルフットプリントの懸念、活用と対策. https://www.dnp.co.jp/cka/docs/report/2021-07_NAWA_column_CKA_DNP.pdf（最終閲覧日：2023年1月31日）

室山晴美 (2002) コンピュータによる職業適性診断システムの利用と評価. 教育心理学研究, 50(3), 311–322.

情報通信アクセス協議会 (n.d.) アクセシビリティって、なに？. https://www.ciaj.or.jp/access/accessibility/index.html（最終閲覧日：2023年1月31日）

日本貿易振興機構 国際経済課. (2022). 世界デジタル競争力ランキング、日本は29位に低下, 日本貿易振興機構（ジェトロ）ウェブサイト. https://www.jetro.go.jp/biznews/2022/10/1128218948d5f5df.html（最終閲覧日：2023年1月31日）

森田佐知子 (2021) ICTを活用したキャリア支援における倫理的課題 — 国外における研究動向から—, 日本教育工学会研究報告集, 2021(3),

194–201.

総務省 (2018a) 平成 30 年版 情報通信白書：人口減少時代の ICT による
　持続的成長.
　https://www.soumu.go.jp/johotsusintokei/whitepaper/ja/h30/pdf/
　index.html（最終閲覧日：2023 年 1 月 31 日）

総務省 (2018b). ＩＣＴによるインクルージョンの実現に関する調査研
　究.
　https://www.soumu.go.jp/johotsusintokei/linkdata/h30_03_houkoku.
　pdf（最終閲覧日：2023 年 1 月 31 日）

総務省 (2021) 令和 3 年版 情報通信白書：デジタルで支える暮らしと経
　済.
　https://www.soumu.go.jp/johotsusintokei/whitepaper/ja/r03/pdf/
　index.html（最終閲覧日：2023 年 1 月 31 日）

総務省 (2022) 令和 4 年版 情報通信白書：情報通信白書刊行から 50 年
　〜 ICT とデジタル経済の変遷〜 .
　https://www.soumu.go.jp/johotsusintokei/whitepaper/ja/r04/pdf/
　index.html（最終閲覧日：2023 年 1 月 31 日）

第4部

情報をつなぎ合わせる

第 11 章

ロールモデルを通じて
自分と社会を繋げる

事例 *11* 憧れの社会人（ロールモデル）はどうやって見つける？

　Lさんは、観光学部の3年生です。そろそろ将来のことを決めていく時期ですが、まだ具体的な進路を決定できていません。

　そんなとき、高校時代の友人と久しぶりに集まる機会があったので、友人たちに、将来のことをどう考えているか尋ねてみることにしました。一人の友人は教育学部に通っていますので、当然将来は教員です。彼女は中学の担任の先生にとてもお世話になり、自分もその先生のようになりたいとのことでした。もう一人の友人の希望は公務員。彼女の両親はともに公務員です。正職員として働きながら自分を含む3人の子供を育てた母親のように、自分も公務員になって、家庭と仕事を両立させたいとのことでした。

　「なるほど、みんな誰かあこがれの人がいて、その人に近い職業を目指しているんだな」そう思ったLさん、印象に残っている先生やお世話になった社会人の方たちを思い出してみました。しかしその人たちの職業に就きたいという思いは湧いてきませんでした。

　一人っ子のLさん、家族に目を向けると、父親は会社員ですが、技術者なので自分の将来像とは一致しません。母親は銀行で働いていますが、金融業界もLさんの将来像にはマッチしませんでした。

　もっとたくさんの社会人と知り合うにはどうしたら良いのだろう……悩みながら大学の構内を歩いていると、ふと、掲示板に貼られた「社会人と学生とのワールド・カフェ」というポスターが目に留まりました。「社会で活き活きと働く若手社会人と学生さんとの座談会です。カフェにいるような雰囲気で、先輩たちと交流し、あなたのキャリアを考えてみませんか？」そんなコメントを見て「私が求めていたものはまさにこれだ！」と感じたLさん。

　さっそく、友人たちを誘って、ワールド・カフェに申し込みをすることにしました。

11-1 ロールモデルからキャリアデザインの一歩を踏み出す

皆さんは「ロールモデル」という言葉を聞いたことがありますか。

「ロールモデル」とは、自分自身が将来目指したいと思う、模範となる存在であり、そのスキルや具体的な行動を学んだり模倣をしたりする対象となる人材のこと（公益財団法人日本生産性本部, 2013）です。簡単に言えば「ロールモデル」とは「憧れの先輩」的な存在のことです。

ロールモデルにする人は、自分と同じ性別であったり、役職の高い人であったりする必要はありません。また、ロールモデルは必ずしも一人とは限りません。たとえば、発想の豊かな人、交渉能力の高い人、事務処理や緻密な仕事に長けている人など、**自分が不足している知識や身に付けたい態度・行動に応じて、複数の人をロールモデルとすることもできます**（公益財団法人日本生産性本部, 2013）。

図表11.1 複数の人をロールモデルとするイメージ

出典：公益財団法人日本生産性本部（2013）

近年では、社会で働く人を招き講演をしていただいたり、活躍している女性の講演会を開催したり、「ロールモデル」となる人と若い人たちが交流するイベントが積極的に開催されています。ではなぜ「ロールモデル」が必要なのでしょうか。

まず、そのような先輩を見たり、先輩から話を聞いたりすることによって、将来の働き方をリアリティをもって描くことが可能になります。また、**憧れの先輩を模倣することからキャリアデザインが始まり、そして社会に出て実際に働くことを通して『自分らしさ』＝自分だけのキャリアデザインが描かれていきます**（古野, 1999）。実際に、さまざまな大人との交流が多いほど、職業に就き、仕事上での自己肯定感が高くなっているという研究結果もあります（坂本（2013）など）。

森田（2016）は、ロールモデルを使ったアプローチにより、大学生の自己概念（自分の強みとなる能力や特性、職業や働き方に関する希望等）と、外的環境（実際の求人状況や地域における雇用状況、その職業に就く人に求められる力等）の統合を容易にし、男女ともに、自分自身が活き活きと活躍できるキャリアを思い描くことに対する効果を期待できる、と述べています。また、地域で活躍する社会人を招いてのパネルディスカッションイベントの事例をもとに、学生の自己概念と外低環境の統合の妨げになっている事柄（不安や疑問）についてロールモデルから情報提供してもらうことで、ロールモデルがその統合の橋渡し的な役割をすることを指摘しています（図表 11.2）。

図表11.2 ロールモデルイベントによる自己概念と外的環境の統合イメージ

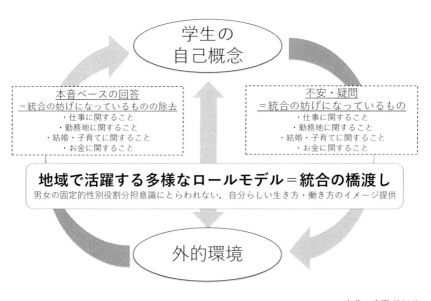

出典：森田（2016）

ではどうやってロールモデルを探せば良いのでしょうか。ロールモデルの探し方として、大きく以下の 3 つの方法が考えられます。

①　身近な人から探す（兄弟姉妹、両親、大学やアルバイト先・研究室の先輩など）

②　大学などで開催されるキャリア関係の行事から探す（講演会、企業の個別・合同説明会、インターンシップへの参加など）

③　インターネットで探す（働く人に関するサイトなど）

　できれば、実際に多くの人に会い話を聞く方が、よりイメージしやすくなりますが、忙しい社会人の方に時間を取っていただくことは現実的には難しい場合もあります。最近は、インターネットで働く人の情報がたくさん掲載されていますので、そうした情報も活用すると良いでしょう。そのなかで、興味を持てそうな働き方や職業がみつかった場合は、インターンシップなどに参加して、実際にその職業を経験してみると良いでしょう。

11-2　ゲストスピーカーから学ぶ方法

　さて、キャリア教育の授業や就職関連のイベントで、ゲストスピーカーの講演があることがあります。**皆さんは、ゲストスピーカーの方の大学時代や就職活動の経験、そして現在の仕事内容やキャリアデザインについての考え方を聞き、自らのキャリアを考えるときの参考とすることができます。**

　ではどうすれば、ゲストスピーカーの方の講話からより多くのことを学ぶことができるでしょうか。この点については、以下の手順を参考にしてください。

①ゲストスピーカーについて事前に学習しておく

　　まずは、ゲストスピーカーの方について事前に学習しておきましょう。その方が所属しているのはどんな組織なのか、自分と同じ大学の卒業生なのか、また、その方の所属している業界の仕事内容についても調べます。こうした事前学習を通じて、ゲストスピーカーの方の講話で確認したい質問事項をまとめておくと良いでしょう。

②講演当日は、質問事項の検証を行う

　　講演当日は、メモを取りながら、自分があらかじめ抽出しておいた質問事項の検証を行いましょう。どのような点に着目したら良いかわからない人は、以下のような内容に着目してみましょう。

- ゲストの方の教育歴
- 学びへの動機と学生時代に力を入れたこと
- 就職にあたり、どのような点を重視して活動したのか
- 社会人になってからの経歴（現在の仕事内容や所属している組織について）
- キャリアの転機
- 現在の仕事におけるやりがいと大変なこと
- 結婚や出産、異動など、人生の節目におけるキャリアデザイン
- 仕事やキャリアにおける将来のビジョン

　　講演終了後に質問事項があれば、積極的に質問しましょう。また、自分が志望する業界のゲストスピーカーの方が来られた場合は、名刺交換をさせていただいても良いでしょう。

③講演終了後に、講演内容と学んだことの整理を行う

　　講演終了後は、講演内容と、そこから学んだことをまとめます。また、ゲストスピーカーの方からの学びを踏まえ、必ず一つチャレンジすることを決めましょう。そして、すぐにそのチャレンジを実践しましょう。

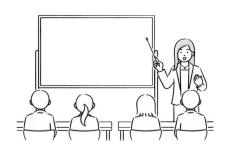

11-3 ワールド・カフェでキャリアビジョンについて語り合う

　ここまで、ロールモデルを探し、その人やその人の一部を真似しながら自分のキャリアデザインの一歩を踏み出す方法についてお話してきました。これは「縦方向」からのキャリアデザインといえるでしょう。一方で、自分と同世代の人たちは、同じロールモデルを見てどのように感じたのでしょうか。また、それぞれどのようなキャリアビジョンを持っているのでしょうか。

　先輩の人生や仕事に対する姿勢・考え方と同時に**「横方向」、つまり、同世代の人の姿勢や考え方を知ることで、自分自身のキャリアビジョンを見直したり、キャリアに関する新たな気づきが得られたりすることもあります。**

　ここでは「ワールド・カフェ」と呼ばれる方法を利用して、同世代の人とキャリアビジョンについて語り合う方法について紹介します。

　「ワールド・カフェ」とは、その名のとおり『カフェ』のようなリラックスした雰囲気の中で、少人数に分かれたテーブルで自由な対話を行い、他のテーブルとメンバーをシャッフルして対話を続けることにより、参加した全員の意見や知識を集めることができる対話手法の一つです (四国地区大学教職員能力開発ネットワーク, 2012)。

　ワールド・カフェの効果としては以下のことがあげられます。
- 話しやすさを生む
- 発言の機会が増える
- 参加者全員の意見が集まる
- 参加意識が高まり満足感が得られる
- 人がつながる

　ワールド・カフェの具体的な方法を
次ページに示します。

図表11.3 ワールド・カフェの方法

第1ラウンド 20分〜30分	テーマについて 探求する	4人ずつテーブルに座って、問いについて話し合う。
第2ラウンド 20分〜30分	アイデアを 他花受粉※1する	各テーブルに1名のホストだけを残して、他のメンバーは旅人※2として別のテーブルに移動する。新しい組み合わせになったので、改めて自己紹介し、ホストが自分のテーブルでの対話の内容について説明する。旅人は自分のテーブルで出たアイデアを紹介し、つながりを探求する。
第3ラウンド 20分〜30分	気づきや発見を 統合する	旅人が元のテーブルに戻り、旅で得たアイデアを紹介しあいながら対話を継続する。
全体シェア 20分〜30分	集合的な発見を 収穫し、共有する	ワールド・カフェのホストがファシリテーターになって、全体で対話する。

※1　他花受粉：ワールド・カフェではラウンドごとにメンバーを入れ替えるさまを、こちらの花粉をあちらの花へ持っていくみつばちにたとえて「他花受粉」と呼びます。

※2　旅人：ラウンドごとのメンバー入れ替えにおいて、ほかのテーブルへ移動する人のことを「旅人」と呼びます。最初のテーブル（「ホーム」と呼びます）からほかのテーブルへ移動するときに「行ってきます」「行ってらっしゃい」と声をかけ、元のテーブルへ戻ってきたときに「ただいま」「お帰りなさい」と声をかけるシーンはよく見られます。ホームから旅に出る仲間を送り出し、帰ってきたことを喜んで迎えるという心理が自然に生まれます。

出典：ワールドカフェネットＨＰ (http://world-cafe.net/)

　ワールド・カフェを実施する際には、以下の内容に注意しましょう（四国地区大学教職員能力開発ネットワーク（2012）より一部抜粋）

- 対話を楽しむ（結論を無理にまとめる必要はありません）
- 話をよく聞く（自分が話すばかりではなく、他の人の話に耳を傾けましょう）
- 「質問」して広げる（わからないことはどんどん質問してみましょう）
- テーマに集中する（著しい脱線は限られた対話の時間を浪費してしまいます。テーマにフォーカスした深い洞察と対話により、その場が活性化します）

- 否定しないで、受け止める（ワールド・カフェは議論の場でありません。多様な意見を受け入れ、それに触発される自分自身を楽しみましょう）

ワールド・カフェは、ある程度の人数が集まらないと開催できないワークショップですが、キャリアに関する語り合い以外にも応用できます。ぜひほかの場面でも有効活用して、たくさんの人の意見を聞く機会を持ちましょう。

◆第11章のまとめ◆

- 「ロールモデル」とは、自分自身が将来目指したいと思う、模範となる存在であり、そのスキルや具体的な行動を学んだり模倣したりする対象となる人材のことである。
- 自分が不足している知識や身に付けたい態度・行動に応じて、複数の人をロールモデルとすることも可能である。
- 憧れの先輩を模倣することからキャリアデザインが始まり、そして、社会に出て実際に働くことを通して『自分らしさ』＝自分だけのキャリアデザインが描かれていく。
- ゲストスピーカーの方の大学時代や就職活動の経験、そして、現在の仕事内容やキャリアデザインについての考え方を聞き、自らのキャリアを考えるときの参考とすることができる。
- 「横方向」、つまり、同世代の人の姿勢や考え方を知ることで、自分自身のキャリアビジョンを見直したり、キャリアに関する新たな気づきが得られたりすることがある。
- 「ワールド・カフェ」とは『カフェ』のようなリラックスした雰囲気のなかで、少人数に分かれたテーブルで自由な対話を行い、ほかのテーブルとメンバーをシャッフルして対話を続けることにより、参加した全員の意見や知識を集めることができる対話手法の一つである。

🔍 コラム *11*　ワールド・カフェの誕生

　企業等で戦略的ダイアログの推進やコミュニティ構築の支援を行っているアニータ・ブラウン氏とデイビッド・アイザックス氏が自宅のリビングルームに世界各国から専門家を招き、会議を開催していました。

　会議 2 日目の朝、参加者にはコーヒーを飲みつつ、時間まで雑談をしながら待ってもらうことにしたそうです。参加者たちが集まり、テーブルを囲んで、さながらカフェのような雰囲気でおしゃべりが始まりました。いつの間にか会議のテーマの話になり、参加者たちは、クロス代わりの模造紙に思い思いに落書きをしながら対話を続けました。会議を始める時間になりましたが、その場の雰囲気がとても良いと感じたアニータらはそのまま話を続けてもらうことにしました。しばらくして参加者の 1 人から「他のテーブルでどんな話し合いが行われているのか聞いてみたい。テーブルを移動してダイアログを続けてみないか？」という提案があり、メンバーたちはその提案に賛同し、さらに話し合いが続けられました。

　話し合いを終えた時、各テーブルの模造紙を見たメンバー全員が、そこから何かが浮かび上がってくるような不思議な感覚を覚えたそうです。その後、アニータとデイビッドが、この経験から主体性と創造性を高める話し合いのエッセンスを抽出してまとめたものが、ワールド・カフェの原型となったそうです。（四国地区大学教職員能力開発ネットワーク（2012）より一部抜粋、変更）

✏️ 次回までの課題

①身の回りに、自分のキャリアのロールモデルとなるような人はいますか？いる場合は、どのような人で、どのような点が参考になるか考察して 300 文字程度でまとめて下さい。

②自分の所属している大学や地域などで、ロールモデルの方と交流できるイベントを探して、興味のあるものに参加してみましょう。

引用・参考文献

公益財団法人日本生産性本部 (2013) メンター制度導入・ロールモデル普及マニュアル―ポジティブ・アクション展開事業―.

http://www.mhlw.go.jp/file/06-Seisakujouhou-11900000-Koyoukinto ujidoukateikyoku/0000106269.pdf （最終閲覧日：2022 年 10 月 16 日）.

坂本麗香 (2013) キャリアモデルの探索と形成にむけて―女子大学におけるキャリアモデルレポートの実践から―, 名古屋女子大学紀要 (人・社), 59. 87-97.

四国地区大学教職員能力開発ネットワーク (2012), SPOD フォーラム 2012 　ワールド・カフェの手引き.

http://www.spod.ehime-u.ac.jp/contents/2_spod2012_contents3_1. pdf（最終閲覧日：2014 年 2 月 10 日）.

古野庸一 (1999) キャリアデザインの『必要性』と『難しさ』, Works 8-9 月号. 4-7.

森田佐知子 (2016) 社会人ロールモデルイベントによる学生の男女共同参画意識の啓発とその効果―アバンセ「平成 27 年度 学生への意識啓発事業」の事例より―（平成 27 年度 佐賀県立男女共同参画センター専門課題調査研究事業報告書）.

https://www.avance.or.jp/var/rev0/0013/4622/1216415037.pdf （最終閲覧日：2022 年 10 月 16 日）.

第 12 章

インターンシップを通じて
自分と社会を繋げる

事例*12* 入社前に一度、仕事を経験しておくべきだった

　M さんは社会学部出身の社会人 1 年目。就職活動では業界を絞らず、興味を持った企業の説明会を徹底的に回りました。そのようななかで最も興味を持ったのが「システムエンジニア」という職種。文系の M さんでしたが、文系でも、専門職として技術を身に付けることができるシステムエンジニアという仕事にとても魅力を感じました。見事、念願のシステムエンジニアとして就職できることになった L さん。内定をもらった企業では、3 ヵ月間の新入社員研修があるということで安心して進路を決めました。

　M さんが入社した企業は、これまでも文系出身の人の入社実績があります。新人社員研修がスタートし、まずは座学で基礎的なことを学んでいきました。しかし、研修も 1 ヵ月が過ぎようとした頃、M さんは自分の社会人生活がとても不安になってきました。座学の学習内容が徐々にプログラミングや情報工学の内容になっていき、研修についていけなくなってきたのです。「難しすぎる……」

　「きっと私以外の文系出身の人も難しいと思っているに違いない」そう思って文系出身の同僚に研修についてたずねてみました。すると、ある同僚は「僕は経済情報学科だったから、ある程度情報工学の勉強はしていたよ」とのこと。もう一人、同じ社会学部出身の同僚にたずねてみると「そうだよね、難しいよね……。実は私、3 年生の時にシステムエンジニアの仕事体験ができる長期インターンシップに参加したんだ。そのときに、プログラミングがとても難しかったから、入社前に勉強しておかないとついていけないと思って、入社前に 3 ヵ月間、専門学校で勉強してきたよ。そのおかげで今は何とかついていけてる」とのことでした。

　「インターンシップ……」M さんもインターンシップには参加したことがありますが、どれも半日や 1 日のものばかりで、具体的に仕事体験ができるものに参加したことはありませんでした。「入社前に、一度システムエンジニアの仕事を経験しておくべきだった……」インターンシップを有効活用できていなかったことを後悔する M さんでした。

12-1 インターンシップの現状

　近年、インターンシップに参加する人の割合が増えています。図表12.1 は、大学生のインターンシップ参加率と企業のインターンシップ実施率の推移です。モニター調査という限定的な調査結果ですが、この調査では、インターンシップ参加経験のある人の割合は年々増加してきており、ここ数年は85％以上の人がインターンシップに参加した経験がある、という結果となっています。

図表12.1 学生のインターンシップ参加率／企業のインターンシップ実施率

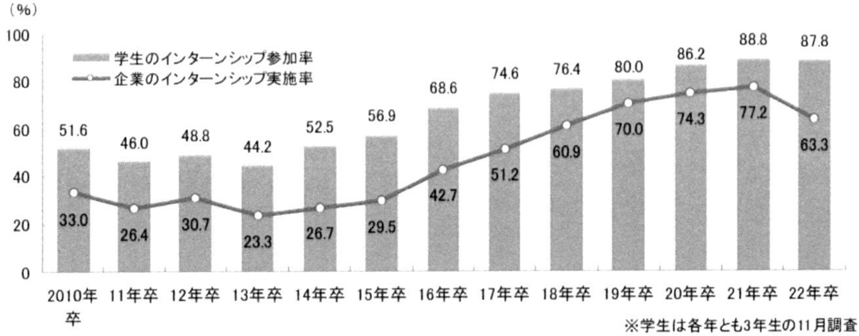

※学生は各年とも3年生の11月調査
※企業の実施率は、3年生時に参加と仮定して作図。2022年卒は2020年度実施

出典：株式会社ディスコ（2021）

　皆さんはインターンシップというと、どのくらいの期間で、どのようなことをするものだとイメージするでしょうか。実はこのインターンシップ、近年では、オンライン形式や対面形式、数カ月にわたる長期のものから数時間程度の非常に短いもの、そしてそのプログラムも、実際に仕事体験ができるものから座学で企業の説明を聞く形式のもの、また参加している他の学生とのグループワーク、社員の方との座談会など、その実施形式、プログラムの内容、日数、そして実施時期等が非常に多様化しています（図表 12.2、12.3、12.4、12.5）

図表12.2 インターンシップの形式

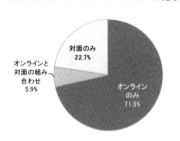

図表12.3 プログラムの内容

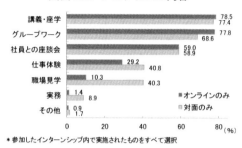

* 参加したインターンシップ内で実施されたものをすべて選択

図表 12.4　参加日数

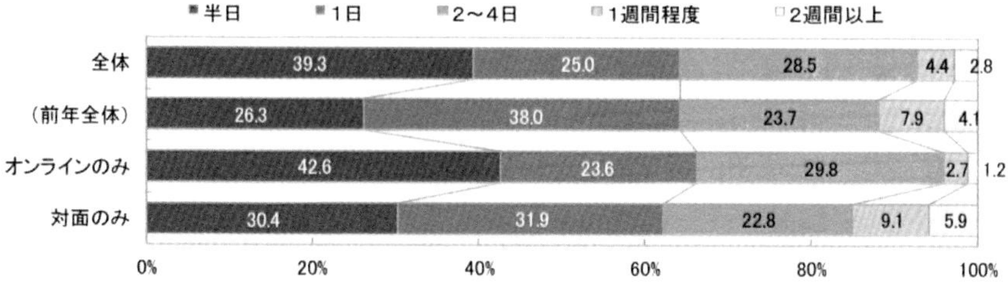

図表 12.5　参加時期の分布

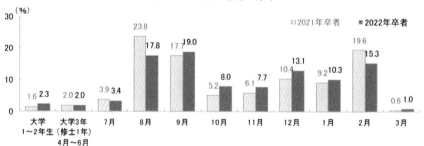

出典：図表 12.2-12.5 まで全て株式会社ディスコ（2021）

　では、これらは全てインターンシップと呼んで良いのでしょうか。そもそも、インターンシップとはどのように定義されているのでしょうか。

12-2 インターンシップの定義と類型

これまで、日本におけるインターンシップは長く、以下のように定義されてきました。

> 学生が在学中に自らの専攻、将来のキャリアに関連した就業体験を行うこと
>
> 出典：文部科学省 et al.（2015）

しかし、**2022 年にその定義が下記のように変更**されました。

> 学生がその仕事に就く能力が自らに備わっているかどうか（自らがその仕事で通用するかどうか）を見極めることを目的に、自らの専攻を含む関心分野や将来のキャリアに関連した就業体験（企業の実務を経験すること）を行う活動
>
> 出典：文部科学省 et al.（2022）

インターンシップは就業体験である、という認識に変更はありませんが、新しい定義では「就業体験」とは、企業の実務を経験することであると明確に限定されることとなりました。さらに、インターンシップの目的が、その仕事に就く能力が自分に備わっているかどうかを見極めることとされた点も大きな変更点だと言えます。

この定義に照らし合わせると、12-1 で紹介した多様なインターンシップのいくつかは、新しいインターンシップの定義から外れることとなります。このことについて、**文部科学省 et al.（2022）は、これまで実施されてきたインターンシップと今後実施すべきインターンシップを図表 12.6 の 4 つのタイプに分類しています。**

図表12.6 インターンシップの4つのタイプ

類型	代表的なケース	実施主体	実施規模	学生の参加期間	学生の主たる目的
タイプ1 オープン・カンパニー	企業・就職情報会社主催イベント	企業または就職情報会社	大人数	超短期(短日)	企業・業界・仕事を具体的に知る
	学内イベント	大学キャリアセンター			
タイプ2 キャリア教育	企業主催プログラム(CSRとして)	企業	プログラムによる	短期(1〜3日間)	自らのキャリア(職業観・就業観)を考える
	・授業(正課) ・産学協働プログラム(正課外) ・学内における企業・アドバイザーによるレクチャー	大学(+企業)	授業・プログラムによる	短期〜長期(授業・プログラムによって異なる)	
タイプ3 汎用的能力・専門活用型インターンシップ	適性・汎用的能力重視	企業または大学+企業(地域コンソーシアムとの連携含む)	少人数中心	短期(5日間以上)	その仕事に就く能力が自らに備わっているか見極める
	専門性重視(主に事務系)			長期(2週間以上)	
	専門性重視(主に技術系)				
タイプ4 高度専門型インターンシップ	ジョブ型研究インターンシップ	大学+企業	少人数	長期(2ヵ月以上)	自らの専門性を実践で活かし、向上させる(実践研究力の向上等)
	高度な専門性を重視した修士課程学生向けインターンシップ(仮称)			検討中	

出典：古井 (2022)

　採用と大学教育の未来に関する産学協議会 (2022a) に基づいて、それぞれのタイプについて簡単に説明します。

タイプ1：オープン・カンパニー

　タイプ1の「オープン・カンパニー」は、「個社・業界の情報提供・PR」を目的としたキャリア形成支援プログラムであり、主に、企業・就職情報会社や大学キャリアセンターが主催するイベント・説明会を想定しています。情報提供が目的で、基本的に就業体験を伴わないことから、大人数の学生を対象に超短期(単日)で実施されます。

タイプ2：キャリア教育

　タイプ2の「キャリア教育」は、「教育」を目的としたキャリア形成支

援プログラムで、大学が単独あるいは企業と協働して、正課（授業）あるいは正課外（産学協働プログラム等）として行う場合や、企業が CSR の一環として行う場合を想定しています。キャリア教育が目的であるため、学士・修士・博士課程の全期間（年次不問）で設定可能とされています。

タイプ 3 ： 汎用的能力・専門活用型インターンシップ

　タイプ 3 の「汎用的能力・専門活用型インターンシップ」は、しっかりとした就業体験を行うことを通じて、学生にとっては自らの能力を見極めること、企業にとっては採用選考を視野に入れた評価材料を取得することを目的として行う、キャリア形成支援プログラムとされています。企業が単独で行う場合に加えて、大学が個別企業と協働、あるいは地域コンソーシアムを活用して行う場合も想定しています。プログラムの実施にあたっては、学部 3 年・4 年ないし修士 1 年・2 年の長期休暇期間に実施する必要があるとされています。

タイプ 4 ： 高度専門型インターンシップ

　タイプ 4 「高度専門型インターンシップ」は、しっかりとした就業体験を行うことを通じて、学生にとっては自らの専門性に関する実践力の向上を図ること、企業にとっては採用にあたっての評価材料を取得することを目的として行う、キャリア形成支援プログラムとされています。

　現在、このタイプに該当するプログラムとしては、「〔A〕ジョブ型研究インターンシップ（理系・博士対象）」、「〔B〕高度な専門性を重視した修士課程学生向けインターンシップ（主に文系対象）（仮称）」の 2 種類が想定されています。

　4 つのタイプのうち、新しいインターンシップの定義では、タイプ 3 とタイプ 4 のみが「インターンシップ」と呼ばれることになりました。
　そして、タイプ 3 およびタイプ 4 のインターンシップには、図表 12.7 のような条件が求められることとなっています。

図表 12.7 新しい「インターンシップ」に求められる要件

新たなインターンシップ（次頁タイプ３）は、産学協議会が合意した
以下の５つの要件（(a) ～ (e)）を満たすプログラムです。
学業との両立に配慮して実施することが求められます。

募集要項で
必要な情報を開示
(e) 情報開示要件

(i) 汎用的能力活用型
（５日間以上）
(c) 実施期間要件

(ii) 専門活用型
（２週間以上）
(c) 実施期間要件

半分以上の日数を
職場での就業体験に従事
(a) 就業体験要件

社員が指導
(b) 指導要件

学部３・４年／修士１・２年の長期休暇に実施
(d) 実施時期要件
但し、大学正課および博士課程は、上記に限定されない

出典：採用と大学教育の未来に関する産学協議会 (2022b)

　では、これから、タイプ１やタイプ２のインターンシップは無くなっ
てしまうのかというとそうではありません。現在も、多くの種類のイン
ターンシップ、特にタイプ１のインターンシップ（現在は「1day 仕事体
験」などと呼ばれます）が数多く実施されているのが現状です。

12-3　インターンシップに行く意義

　では皆さんにとって、インターンシップに行く意義とはどのようなも
のが考えられるでしょうか。文部科学省 et al.（2022）はこのことについ
て、以下の４点をあげています。

キャリア教育・専門教育としての意義

　大学等におけるキャリア教育・専門教育を一層推進するとともに、皆さんのキャリア形成を支援する有効な取り組みである。

教育内容・方法の改善・充実

　アカデミックな教育研究と社会での実地の体験を結び付けることが可能となり、大学等における教育内容・方法の改善・充実につながる。また新たな学習意欲を喚起する契機となることも期待できる。

高い職業意識の育成

　自己の職業適性や将来設計について考える機会となり、主体的な職業選択や高い職業意識の育成が図られる。また、これにより、就職後の職場への適応力や定着率の向上にもつながる。

自主性・独創性のある人材の育成

　企業等の現場において、企画提案や課題解決の実務を経験したり、就業体験を積み、専門分野における高度な知識・技術に触れながら実務能力を高めることは、課題解決・探求能力、実行力といった「社会人基礎力」や「基礎的・汎用的能力」などの社会人として必要な能力を高め、自主的に考え行動できる人材の育成にもつながる。また、企業等の現場において独創的な技術やノウハウ等がもたらすダイナミズムを目の当たりにすることにより、Society 5.0 for SDGs に向けたイノベーションの創出の担い手となる独創性と未知の分野に挑戦する意欲を持った人材の育成にも資する。

　特に皆さんに関連のある下線部分だけ見てみると、**インターンシップに参加することによって、皆さんには下記のようなメリットがある**ということがわかります。
　新たな学習意欲が湧く、職業適性や将来設計について考える機会となる、就職後の職場への適応力が身につく、社会人基礎力が高まる、イノ

ベーション創出の担い手となりうる能力が身につく。

　では、インターンシップを実施する企業には、どのようなメリットがあるのでしょうか。同じく文部科学省 et al. (2022) は以下のように述べています。

実践的な人材の育成

　タイプ 2、タイプ 3 及びタイプ 4 によって学生が得る成果は、就職後の企業等において実践的な能力として発揮されるものであり、その普及は実社会への適応能力のより高い実践的な人材の育成につながる。

大学等の教育への産業界等のニーズの反映

　取組の実施を通じて大学等と連携を図ることにより、大学等に新たな産業分野の動向を踏まえた産業界等のニーズを伝えることができ、大学等の教育にこれを反映させていくことにつながる。

企業等に対する理解の促進、魅力発信

　大学等と企業等の接点が増えることにより、相互の情報の発信・受信の促進につながり、企業等の実態について学生の理解を促す一つの契機になる。これについては、特に中小企業やスタートアップ企業等にとって意義が大きいものと思われ、中小企業等の魅力発信としても有益な取組である。さらに、取組を通じて学生が各企業等の業態、業種又は業務内容についての理解を深めることによる就業希望の促進が可能となることや、受入企業等において若手人材の育成の効果が認められる。また、学生のアイデアを活かすような企業等以外の人材による新たな視点等の活用は企業等の活動におけるメリットにもつながる。

採用選考時に参照し得る学生の評価材料の取得

　新たに整理されたインターンシップ（タイプ 3 及びタイプ 4）において、学生が実際の現場で就業体験を行うことにより、企業等にとっては、

学生の仕事に対する能力を適正に評価するとともに、採用選考活動時における評価材料を取得することができる。

　上記を見ると、インターンシップにより参加した大学生の能力が向上することが、長期的な視点で、産業界や社会全体にもメリットとなることが書かれています。そして、企業の実態に関する大学生の理解を促し、就業希望を促進するとも書かれています。このことから**インターンシップは、皆さんにも、企業にも大きなメリットがある取り組みだと言える**でしょう。

　また私が支援してきた大学生へのインタビューでは、一緒に参加した他大学の学生とネットワークを構築することができた、という点が大きなメリットであったという声も多く寄せられました。

　しかし、ここで１点、注意していただきたいことがあります。それは、企業におけるインターンシップ実施のメリットの４点目です。この点も、インターンシップの定義が変更されたことで追加された点です。これは、皆さんがタイプ３やタイプ４のインターンシップに参加した場合、そこでの皆さんの能力に関する評価が、その企業の採用選考時にも利用可能であることを意味しています。
　このことを念頭に、インターンシップに参加する前は、キャリアセンターなどでガイダンスやマナー講座を受講したり、インターンシップに行く目的を明確化したり、インターンシップに参加する企業のことを調べるなど、しっかりと準備をしてから参加すると良いでしょう。

12-4　インターンシップと採用選考の関係
　インターンシップと採用選考の関係性についてもう少し詳しくみてみましょう。
　まず、内閣府（2021）の調査では、参加したインターンシップのなかで、採用のための実質的な選考を行う活動を含んでいたかどうかについ

て、実質的な選考を行う活動を含むものであった、と約 3 割の人が回答
しています。ここでいう採用のための実質的な選考を行う活動とは、イ
ンターンシップの参加が採用面接等を受けるための必須条件になってい
たり、インターンシップ終了後にインターンシップ参加者だけの説明会
や採用面接に呼ばれた、試験の案内があったという場合等も含まれてい
ます。では具体的には、インターンシップに参加すると、その後の採用
選考にどのようにつながっていくのでしょうか。同じく内閣府（2021）
の調査において、インターンシップ参加者を対象としたアプローチは図
表 12.8 の通りでした。

　これを見ると、**インターンシップ参加者を対象とした説明会・セミ
ナーへの参加、インターンシップ参加者を対象とした早期選考の案内の
割合が高いことが分かります。**

図表12.8 インターンシップ参加者を対象としたアプローチ

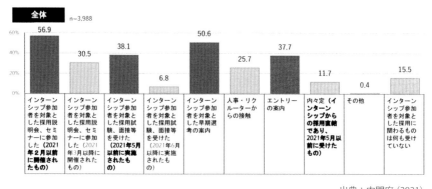

出典：内閣府（2021）

12-5　インターンシップを通じて自分と社会を繋げる

　ここまで、インターンシップの定義や種類、意義、そして採用選考と
の関わりについて説明してきました。本節では、インターンシップを通
じて自分と社会を効果的につなげるためのポイントを 2 つ説明したい
と思います。

ポイントの1つ目は、**自分の目的に沿ったインターンシップに参加する**ことです。そのためには次のような手順でインターンシップを選択すると良いでしょう。

①志望業界・志望職種で決めるかどうかを考える

　志望業界や志望職種が決まっている人は、まずは業界や職種を軸にインターンシップを探していくと良いでしょう。同じ業界や同じ職種で複数の企業のインターンシップに参加して比較することで、その企業の魅力がより明確になり志望動機が深まります。志望業界や志望職種が決まっていない人は、これを機会に、どんな業界や職種があるのか書籍などで勉強してみましょう。

②自分が体験してみたいことを明確にする

　志望業界や志望職種が決まっていない場合でもインターンシップに参加することはできます。中には業界や職種に関係なく、皆さんが社会に出て必要とされるスキルを磨くタイプのインターンシップもあります。自分がしたい経験が対面形式でないと実現できないのか、オンライン形式でも良いのかも考えてみましょう。大学によってはキャリアセンターや就職室で先輩たちのインターンシップ報告書が閲覧できる場合がありますので、参考にしましょう。

③その他の希望条件を明確にする

　上記2つが明確になったら、実施時期、日数、開催場所、インターンシップに参加するための選考の有無、採用選考との関連、企業からの補助など、自分が他に希望する条件を明確にしていきましょう。

　ポイントの2つ目は、**インターンシップに参加した後で振り返りをする**ことです。そのためには次のような手順で振り返りを行うと良いでしょう。

①インターンシップ参加の目的、目標の確認

　最初に、インターンシップに参加した際の目的、目標は何であったかを思い出してみましょう。ここではある人のインターンシップの参加目的が「企画の業務を体験できるインターンシップに参加し、自らの企画力が社会人として通用するかどうかを確認する」ということだったと仮定します。

②目的、目標達成に向けて自分が行動したこととその結果の確認

　目的、目標の達成のために、自分がインターンシップ期間中に行動したこととその結果を洗い出してみましょう。目的や行動が複数あった場合は、それぞれについて思い出してまとめてみると良いでしょう。先ほどの例だと「お客様の課題を聞き取りしてその解決策を考える場面で、積極的に自分のアイデアをグループや社員の方に提案できた」というようなことです。

③気づきと仮説の構築

　インターンシップ中に得られた気づきをまとめてみましょう。また疑問点や今後確認したいことなどがある場合はそれらも書き出し、次の確認に向けた仮説を構築してみましょう。先ほどの例だと「自分では企画が得意だと思っていたが、実習先の方から褒めていただいたのは細かい作業の完成度だった。仮説としては、自分の強みは、細かい作業でも根気強く取り組めることなのか？」といったことです。

④仮説を今後の活動の中で検証する

　最後に、インターンシップ中に見つけた疑問点や今後確認したいことから構築した仮説を、今後の活動の中で検証してみましょう。先ほどの例だと「ゼミの役割決めが 12 月にあるので、そのときに細かい作業が必要な役割（会計など）に立候補してやってみる」といったことが考えられます。

◆ 第12章のまとめ ◆

- インターンシップの定義は「学生がその仕事に就く能力が自らに備わっているかどうか（自らがその仕事で通用するかどうか）を見極めることを目的に、自らの専攻を含む関心分野や将来のキャリアに関連した就業体験（企業の実務を経験すること）を行う活動」とされている。
- インターンシップは、タイプ1「オープン・カンパニー」、タイプ2「キャリア教育」、タイプ3「汎用的能力・専門活用型インターンシップ」、タイプ4「高度専門型インターンシップ」の4つに分類でき、新しい定義によると、タイプ3とタイプ4のみがインターンシップと呼ばれることとなった。
- インターンシップは大学生にとって、新たな学習意欲が湧く、職業適性や将来設計について考える機会となる、就職後の職場への適応力が身につく、社会人基礎力が高まる、イノベーション創出の担い手となりうる能力が身につく、といった意義がある。
- インターンシップは、大学生にも、企業にも大きなメリットがある取り組みである。
- タイプ3やタイプ4のインターンシップに参加した場合、そこでの能力に関する評価が、その企業の採用選考時にも利用されることがある。
- インターンシップに参加する前は、キャリアセンターなどでガイダンスやマナー講座を受講したり、インターンシップに行く目的を明確化したり、インターンシップに参加する企業のことを調べるなど、しっかりと準備をしてから参加すると良い。
- 企業から、インターンシップ参加者を対象とした説明会・セミナーへの参加案内や、インターンシップ参加者を対象とした早期選考の案内が送られてくることがある。
- インターンシップを通じて自分と社会を効果的につなげるためのポイントには、自分の目的に沿ったインターンシップに参加すること、インターンシップ参加後に振り返りをすること、が考えられる。

コラム12

　本章では近年急速に実施が増えているインターンシップについて説明しました。では、参加を希望するインターンシップには必ず参加できるのかと言うと、実はそうではないケースもあります。特に、大手企業や人気企業のインターンシップには選考があり、インターンシップの受け入れ人数が少ない場合だと、実際の採用選考よりも合格率が低い場合もあります。地方自治体なども参加希望者が多いと抽選になることもありますので、気になる企業や組織のインターンシップには複数応募しておくと良いでしょう。

　では、インターンシップに不合格になったり抽選で参加できなくなってしまった場合はどうすれば良いのでしょうか。実は、自分の知識や能力を企業で活用してみたり、企業や仕事を知る機会は他にもあります。例えば大学の授業として実施される実習やフィールドワーク、サービスラーニングもそうです。またアルバイトやボランティア活動でも、組織の中で働いたり、自分の強みを発揮したりできる場面はあるでしょう。私が研究しているオーストラリアではこれらの活動を総称して「職業統合的学習」と呼び、多くの大学でこれら職業統合的学習が必修科目として大学のカリキュラムに組み込まれています。ぜひ皆さんも、インターンシップ以外でも社会と繋がり、自分の学んできたことや能力を活かして活動してみる機会を見つけてみてください。

次回までの課題

① 本章で紹介したタイプ1～タイプ4のインターンシップのうち、どのタイプのインターンシップに参加してみたいかとその理由を考察し、300文字程度でまとめてください。

② 自分がインターンシップに参加するとすれば、どのようなことを目的として、どのようなインターンシップに参加したいかを考察し、300文字程度でまとめてください。

引用・参考文献

内閣府 (2021) 学生の就職・採用活動開始時期等に関する調査結果について.
https://www5.cao.go.jp/keizai1/gakuseichosa/pdf/20211125_honbun_print_1.pdf（最終閲覧日：2023 年 1 月 31 日）

古井一匡 (2022) "24 卒採用"に向けたインターンシップで、企業が気をつけたいこと, ダイヤモンド・オンライン.
https://diamond.jp/articles/-/304259（最終閲覧日：2023 年 1 月 31 日）

採用と大学教育の未来に関する産学協議会 (2022a) 採用と大学教育の未来に関する産学協議会 2021 年度報告書「産学協働による自律的なキャリア形成の推進」.
https://www.sangakukyogikai.org/_files/ugd/4b2861_80df016ea6fe4bc189a808a51bf444ed.pdf（最終閲覧日：2023 年 1 月 31 日）

採用と大学教育の未来に関する産学協議会 (2022b) 産学で変えるこれからのインターンシップ：学生のキャリア形成支援活動の推進.
https://www.keidanren.or.jp/policy/2022/039_leaflet.pdf

文部科学省・厚生労働省・経済産業省 (2015) インターンシップの推進に当たっての基本的考え方.
https://www.mext.go.jp/component/a_menu/education/detail/__icsFiles/afieldfile/2015/12/15/1365292_01.pdf（最終閲覧日：2023 年 1 月 31 日）

文部科学省・厚生労働省・経済産業省 (2022) インターンシップを始めとする学生のキャリア形成支援に係る取組の推進に当たっての基本的考え方.
https://www.meti.go.jp/press/2022/06/20220613002/20220613002-1.pdf（最終閲覧日：2023 年 1 月 31 日）

株式会社ディスコ (2021) 2022 年卒特別調査 インターンシップに関する調査：キャリタス就活 2022 学生モニター調査結果.
https://www.disc.co.jp/wp/wp-content/uploads/2021/04/internshipchosa_2022.pdf（最終閲覧日：2023 年 1 月 31 日）

第 13 章

就職活動を通じて
自分と社会を繋げる

事例 *13* 就職活動は辛いだけの経験なのか

　N さんは生物学科の 3 年生です。これまではあまり進路のことについて考えたり準備したりすることをせずに大学生活を過ごしていました。というのも、時々インターネットで見かける就職活動に関するニュースや書き込みから、就職活動はこれまでの自由な大学生活から窮屈な社会人生活への移行、だとしか思えなかったからです。就職活動では全員が同じような黒いスーツを着て、同じような髪形をし、何十社もの企業を訪問したり、時には AI に面接されたりして、何か画一的な物差しで自分を評価されるようなイメージを持ちました。就職活動のことを考えると、これまでに大事にしてきた自分の個性が就職活動で失われるような気がしてとても不安な気持ちになりました。しかし 3 年生の冬になり、さすがに何か準備をしなくてはいけないと感じ、大学で開催されたオンラインの内定者座談会に参加してみることにしました。

　特に期待もせず参加した内定者座談会でしたが、そこである 4 年生の先輩が「就職活動はとても楽しかった」と発表していたのです。「きっとこの先輩はとても優秀で、社会人としての能力を身につけていたからだろう」と思った N さんでしたが、その先輩の話をじっくりと聞いていくと、実はそういう理由ではないということに気づきました。その先輩によると就職活動は、たくさんの職場を見学できたり、時には実際に仕事を体験させてもらったり、尊敬できる社会人に出会える人生で唯一の機会だというのです。このことは、他の内定者の方も強く同意していました。また就職活動でエントリーシートを書いたり面接官と対話することを通じて自己分析が深まり、自分の強みや弱みがより明確になったり、自分が本当にやりたいことや人生の目標も見えてくるとのことだったのです。また全員の先輩が、就職活動を通じて大きく成長した自分を実感したと述べていました。

　「自分はこれまで就職活動のネガティブな面だけを見て、就職活動で得られる機会やチャンスに気づいていなかったのかもしれない」全く新しい就職活動に対する視点に驚いた N さんは、この座談会をきっかけに就職活動をポジティブに捉えることができるようになったのです。

13-1 大卒者の就職（内定）率の推移

　ここまで、大学低学年のうちから自分のキャリアを考える重要性や自分のことをより深く知る方法、そしてキャリアや労働市場情報を得る方法、さらには採用選考におけるテクノロジーの普及とそうした社会において必要になってくるリテラシー等について説明してきました。この本を読みながら、もしかしたら、自分のキャリアをデザインしていくことはとても難しいと感じた人もいるかもしれません。また将来経験する就職活動がとても大変そうに感じた人もいるでしょう。

　確かに、日本における大学生への採用活動（新卒一括採用）は世界的に見てもとても特殊な形式で、大学生の負担も大きいものとなっています。しかし**日本の新卒一括採用は大学生にとって多くのメリットもあります。その一つに高い就職（内定）率があげられます。**

図表13.1 就職（内定）率の推移（大学）

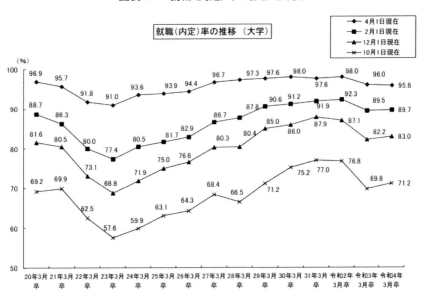

出典：文部科学省（2022）

200

　前ページの図表 13.1 は、大卒者の就職（内定）率の推移を示したものです。平成 23 年前後にリーマンショックの影響で少し就職（内定）率が下がっていた時期がありますがそこから徐々に回復し、令和 4 年 3 月卒の大学生の就職（内定）率は 95.8% と高い数値になっていることが分かります。同様に図表 13.2 と 13.3 から令和 4 年 3 月卒の大学生の男女別就職（内定）率を見ると、男性が 94.6%、女性は 97.1% となっており、全体的な就職（内定）率に関してだけ言えば、そこに性別による大きな差異もほとんど見られないことが分かります。

図表 13.2 就職（内定）率の推移（大学 男子）

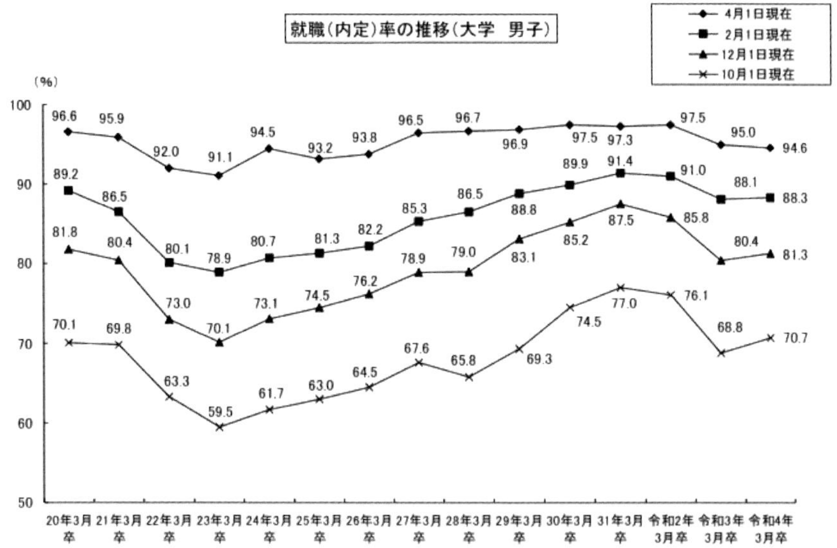

出典：文部科学省（2022）

図表13.3 就職（内定）率の推移（大学 女子）

就職（内定）率の推移（大学 女子）

凡例:
- ◆ 4月1日現在
- ■ 2月1日現在
- ▲ 12月1日現在
- ✕ 10月1日現在

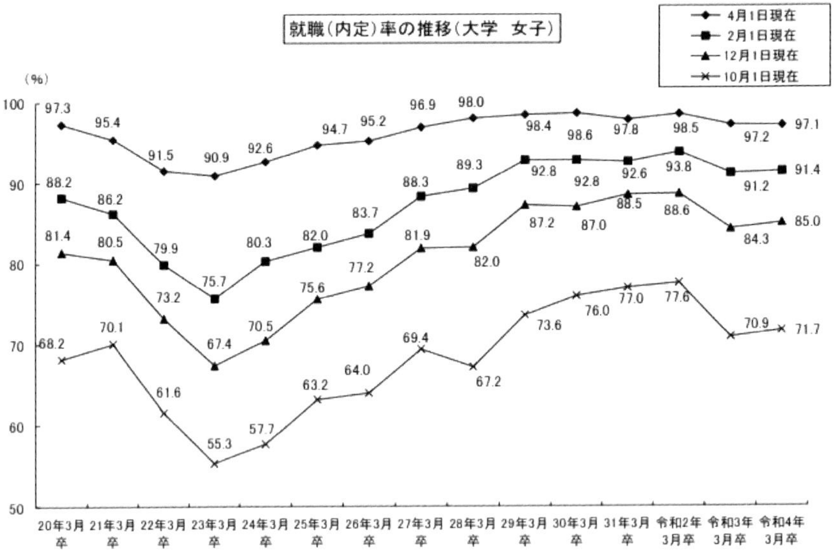

出典：文部科学省（2022）

13-2　大学生に対する求人倍率の推移

　このように高い就職（内定）率を誇る日本の大学生ですが、**就職活動の難易度は、皆さんが志望する企業等の従業員規模や業種によって異なりますので少し注意が必要**です。

　図表13.4は大学生に対する求人総数および民間企業就職希望者数・求人倍率の推移です。大卒求人倍率とは、民間企業への就職を希望する学生ひとりに対し、企業から何件の求人があるのか（企業の求人状況）を算出したもの（リクルートワークス研究所，2022）で、以下の式によって算出されています。

大卒求人倍率＝求人総数÷民間企業就職希望者数

　求人倍率の値が大きければ大きいほど、皆さんにとっては就職しやすい環境にあると考えてください。

　さて図表 13.4 を見ると、大学生に対する求人倍率は図表 13.1 〜
13.3 までの就職（内定）率の推移と同じように、景気の変動と連動した
動きとなっていることが分かります。

図表13.4 求人総数および民間企業就職希望者数・求人倍率の推移

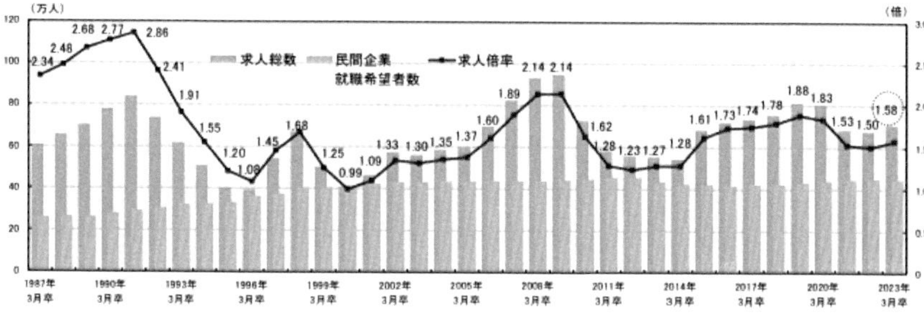

出典：リクルートワークス研究所（2022）

　しかしこの求人倍率は、企業等の従業員規模によって大きく異なりま
す。図表 13.5 を見てください。図表 13.5 を見ると、従業員規模が 300
人未満の企業の求人倍率は景気の変動等の影響によって大きく変動して
いることが分かります。一方、従業員規模が 5,000 人以上のいわゆる大
手企業と呼ばれる企業の求人倍率は、景気の変動等に関わらず、常に低
い数値であることが分かります。

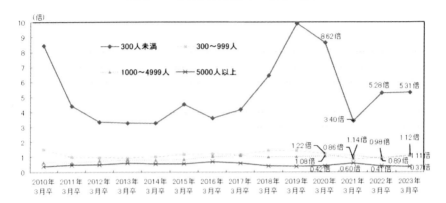

図表13.5 従業員規模別 求人倍率の推移

出典：リクルートワークス研究所（2022）

　このことから、もし大手企業と呼ばれる企業等を志望している場合は、他の従業員規模の企業を目指す場合よりも就職活動における競争率が高く、やや難しい就職活動になる可能性があります。ですのでこのことを念頭に、早めに準備を始めたり、他の方との差別化に繋がるような取り組みに力を入れておくと良いでしょう。

　一方で、従業員規模が300人未満の企業等を志望している場合は、景気が悪化すると前年度と比較してその企業の求人数が大幅に減少する可能性があります。そこで、インターンシップに参加してその企業とのネットワークを構築しておいたり、同じ仕事ができる企業を複数社探してエントリーしておくと良いでしょう。

　次に業種別の求人倍率を見てみましょう。図表13.6を見てください。図表13.6の上のグラフは求人倍率の軸の目盛りが0〜14倍であることから、ここに掲載されている流通業、建設業、製造業は求人が多い業種であるとわかります。一方で、下のグラフは求人倍率の軸の目盛りが0〜1倍であることから、ここに掲載されている金融業やサービス・情報業は求人が少ない業種であることが分かります。

　図表13.6では図表13.7の通り、たくさんある業種を大きく5つに

分類してグラフ化していますので、皆さんが志望する業種の求人倍率を
さらに詳しく調べていく必要がありますが、少なくとも、業種によって
その求人倍率が大きく異なること、そして求人倍率が非常に低い業界だ
けに絞って就職活動を行うと、就職活動や内定を得ることが難しくなる
可能性があることを念頭に置いておく必要があることが分かります。

図表13.6 業種別 求人倍率の推移

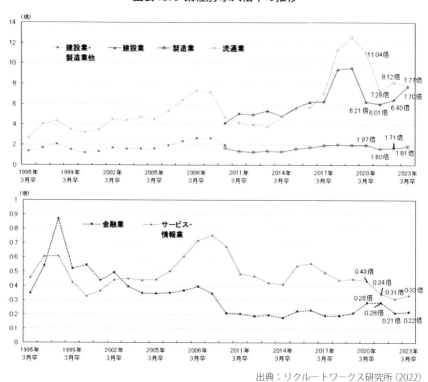

出典：リクルートワークス研究所 (2022)

図表13.7 業種5分類の内訳

＜建設業＞

業種名
総合工事業
設備工事業、職別工事業 （大工、とび、左官、石工など）

＜製造業＞

業種名
食品
繊維
化学・紙・石油
医薬・化粧品
ゴム・ガラス・セラミックス
鉄鋼・非鉄金属・金属
機械・プラント・エンジニアリング
総合電機
重電・産業用電気機器
コンピュータ・通信機器・OA機器関連
家電・AV機器
ゲーム・アミューズメント機器
半導体・電子・電気部品
その他の電気機械器具製造業
自動車・鉄道・航空機等製造、 同部品製造
精密機械器具製造業
印刷関連
その他の製造業

＜流通業＞

業種名
商社
百貨店
スーパー・DIY・生活協同組合
専門店（複合）
専門店（洋装品・呉服）
専門店（自動車関連）
専門店（電気製品）
専門店（カメラ・メガネ・貴金属・皮革・スポーツ用品・楽器　その他）

＜金融業＞

業種名
銀行
信託銀行
労働金庫・信用金庫・信用組合
証券
生命保険・損害保険
クレジット
その他金融（投資業・ベンチャーキャピタル・消費者金融　その他）

＜サービス・情報業＞

業種名
通信
放送業
情報サービス・調査業　（ソフトウェア業、情報処理、コンピュータ修理など）
インターネット付随サービス業
映像・音声・文字情報制作業（映画・ビデオ・テレビ番組・レコード・ラジオ番組制作業、新聞業、出版業）
不動産
鉄道、道路旅客運送業
道路貨物運送業
倉庫業
旅行業および運輸に付随するサービス業
海運・航空・その他の運輸業
電力・ガス・水道・エネルギー
飲食店
旅館、ホテル、レジャー
医療・福祉
教育・学習支援
物品賃貸業
広告代理業
専門サービス業　（法律事務所、税務事務所、デザイン業、広告制作業、コンサルタントなど）
その他の事業サービス業　（理美容関連、消毒、ビルメンテナンス、職業紹介、清掃事業、その他生活関連サービス業）
その他のサービス業　（自動車整備業、機械等修理業、協同組合、廃棄物処理業、学術研究機関、宗教、経済団体など）

出典：リクルートワークス研究所（2022）

13-3　学校教育の職業的レリバンス

　日本の大学生の就職活動の特徴の 2 つ目として、大学時代の専門分野と就職先の業種・職種との関連 (学校教育の職業的レリバンス) が低いことがあげられます。「学校教育の職業的レリバンス」とは、職業生活に対して学校教育がいかなる意義をもっているか、いないかということ (本田 , 2004) を指します。

　戦後の日本では、学校教育では基礎学力や「訓練可能性」を身につけさせ、具体的な職業上の知識や技能は企業内教育で身につけさせるという「効率的分離」(矢野 , 1991) が成立しているといわれてきました。特に「新規採用」では、企業の中のある特定のジョブに対してそれにふさわしい労働者を探し出して当てはめるのではなく、新規採用から定年退職までの数十年間を同じ企業のメンバーとして過ごす「仲間」を選抜することに重点を置くため、その選抜基準は個別具体的な職務に着目した顕在的な職業能力ではなく、入社後どんな仕事に回しても適切に遂行していけるだけの、あるいはそのための企業内訓練を難なく受けることができるような潜在的な「職務遂行能力」(濱口 , 2012) が重視されます。これが第 3 章で説明した社会人基礎力にもつながります。

　では、学校教育の職業的レリバンスはどの学部においても同じように低くなっているのでしょうか。図表 13.8 を見て下さい。図表 13.8 は株式会社ディスコ (2018) が実施したアンケート調査の結果です。(就職内定先の) 業種・職種が専攻分野と関連があると感じるかという質問に対して、「関連性がある」「関連性が少しはある」と回答した人は、全体では64.8% となりました。しかし文理別のデータを見ると、文系では 53.3%、理系では 82.2% と、文理で大きな差があることが分かります。つまり日本では、文系の人は特に、自分の専門分野と関連のない業種・職種に就く傾向が高いことが分かります。

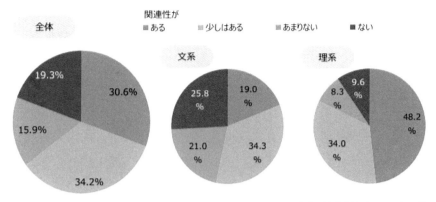

図表13.8 専門分野と就職先企業との関連性

関連性が
■ある ■少しはある ■あまりない ■ない

全体
19.3%
30.6%
15.9%
34.2%

文系
25.8%
19.0%
21.0%
34.3%

理系
9.6%
8.3%
48.2%
34.0%

出典：株式会社ディスコ（2018）

　しかしこのことは、皆さんにとって大きなメリットにもなり得ます。

　例えば日本以外の多くの国では、個人は原則として自分が希望する業種・職種に関連した教育歴（専門分野の学位等）を求められます。ですので、自分の専門分野と全く異なる分野の業種や職種に就きたいと思ったら、大学を中退してその業種・職種と関連のある学部・学科に入りなおしたり、編入したり、コース変更したりする必要があります。またその仕事に関連した職務経験も求められますから、一般的に、大学卒業後すぐの職歴の少ない人の就職（内定）率は日本よりも低い傾向があります。

　一方日本でも、教師や医師など特定の教育歴や国家試験への合格が必要な職業もあります。しかし、例えば教育学部の人が教師以外の職業に就きたいと思った場合、コース変更することなく、そのまま民間企業に就職することができます。また**文系であっても理系であっても、自分の専門分野とは異なる業種・職種の企業を広く受験し、その業種・職種の仕事を得ることができます**。このようにこれまでの教育歴に関わらず、広く職業選択できることは皆さんにとって大きな機会となることでしょう。

　ぜひ**就職活動は広く自分の職業における選択肢を広げる良い機会だと捉え、これまでに知らなかった業種・職種の説明会等にも参加してみて**ください。

13-4　行きたい企業、やりたい仕事は知らないだけかも

　就職活動は広く自分の職業における選択肢を広げる良い機会であることに関連して、ここで皆さんに 1 つ質問があります。

【質問】皆さんはいくつの「企業」を知っていますか。
　　　　思いつく限りの企業名を書き出してみてください。

　さて、皆さんはいくつの企業を書き出すことができたでしょうか。50 以上の企業を書き出すことができたでしょうか。大学生の就職支援をしていると「行きたい企業が見つからない」、「やりたい仕事が見つからない」という相談をよく受けます。そういう方によく話を聞いてみると、誰もが知っている有名企業以外をほとんど知らないことが多いという傾向があります。そして、企業の説明会も、自分が知っていた企業の中から選んで参加しており、それ以外の企業に関する知識が少ない傾向がありました。

　それでは、日本にはいくつの企業があるのでしょうか。総務省・経済産業省（2022）の調査によると、2021 年度の日本のおける企業数は 3,674,058 となっています。つまり**日本には 360 万社を上回る企業があります**。

　では、なぜ皆さんが知っている企業は少ないのでしょうか。それは皆さんが、一般消費者向けに広告を流す企業や、自分がいつも使っている商品を作っている企業以外について知る機会がほとんど無いからです。

　一般消費者向けの製品を作ったり、サービスを提供していたりする企業のことを BtoC（Business to Consumer）企業と呼びます。一方、一般消費者ではなく法人向けの製品を作ったり、サービスを提供していたりする企業のことを BtoB（Business to Business）企業と呼びます。皆さんが知っている企業の多くは「BtoC」企業ですが、「BtoB」企業の中にもたくさんの優良企業があるのです。

そして、就職活動は、皆さんがこれまで知らなかった業種・職種、そしてたくさんの BtoB 企業と出会える最大の機会でもあります。就職活動以前においても、知らない企業を見つけたら、自分の職業選択の選択肢を広げるチャンスだと思い、積極的に調べるようにしましょう。

◆第13章のまとめ◆

- 日本企業における新卒一括採用は大学生にとって多くのメリットもある。その一つに高い就職（内定）率があげられる。
- 就職活動の難易度は、自分が志望する企業等の従業員規模や業種によって異なるため注意が必要である。
- 大卒求人倍率とは、民間企業への就職を希望する学生ひとりに対し、企業から何件の求人があるのか（企業の求人状況）を算出したもので、大卒求人倍率＝求人総数÷民間企業就職希望者数という計算式によって算出される。
- 日本企業における新卒一括採用の2つ目の特徴として、大学時代の専門分野と就職先の業種・職種との関連（学校教育の職業的レリバンス）が低いことがあげられる。
- 学校教育の職業的レリバンスとは、職業生活に対して学校教育がいかなる意義をもっているか、いないかということを指す。
- 日本においては、文系であっても理系であっても、自分の専門分野とは異なる業種・職種の企業を広く受験し、その業種・職種の仕事を得ることができる。
- 就職活動は広く自分の職業における選択肢を広げる機会となる。

🔍コラム13

　本章では日本企業の新卒一括採用の特徴の1つとして、特に文系学生の学校教育の職業的レリバンスが低いことを説明しました。しかし本当に皆さんが大学で受けてきた教育は職業と関連が無い、職業には役立たないものなのでしょうか。本田 (2022) に以下のような話が掲載されています。

　先日、ある新聞記者の方とお話ししているとき、その方が「私はアメリカにおける黒人の歴史について大学の卒論を書いたんですけど、いま新聞記者として仕事をしていて、大学での専攻分野や卒論とはあまり関係ないなあと思うんです」とおっしゃった。私は驚いて、「そうですか？ Black Lives Matter であれ MeToo であれ、世界や日本において差別や排除は大問題ですし、卒論で調べられたことが直接に関係してくる取材対象も多いのではないですか？論理的に文章を書くことも身につけられたはずですよね？」と言ったところ、その方は「あれ？そうですね、そういえば！」と答えられた。

　このように、よくよく考えてみると大学で学んだことが直接ではないけれど仕事に活かされている場面は多々あると思います。また近年では「ジョブ型雇用」という言葉の普及に伴い、企業においてもこれまでのような「総合職」ではなく細かく職種のコースを分けて採用したり、配属先について入社前に内定者の方と面談をして決めていくといったことも増えています。

📝次回までの課題

① 本書の内容や文献調査から、日本の新卒一括採用のメリットとデメリットについて400〜500文字程度でまとめてください
② 文献やインターネット上のハードLMIを検索し、自分がこれまでに知らなかった業種・職種で興味を持ったものを1つ取り上げ、その業種・職種について詳しく調べ、300文字程度で説明してください。

引用・参考文献

リクルートワークス研究所 (2022) 第 39 回 ワークス大卒求人倍率調査
（2023 年卒）.

　https://www.works-i.com/research/works-report/item/220426_
kyujin.pdf（最終閲覧日：2023 年 1 月 31 日）

文部科学省 (2022) 令和 3 年度大学等卒業予定者の就職状況調査（4 月 1
日現在）：文部科学省ホームページ.

　https://www.mext.go.jp/b_menu/toukei/chousa01/naitei/kekka/k_
detail/1422624_00003.htm（最終閲覧日：2023 年 1 月 31 日）

本田由紀 (2004) 高校教育・大学教育のレリバンス, JGSS 研究論文集, 3,
29–44.

本田由紀 (2022) 大学教育の職業的レリバンスを「なかったことに」しな
いために, 日本労働研究雑誌 2022 年 5 月号, 742, 1.

株式会社ディスコ (2018) 大学進学と就職に関する調査.

　https://www.disc.co.jp/wp/wp-content/uploads/2018/03/
DaigakuShingaku_Shushoku_report_201803.pdf（最終閲覧日：2023
年 1 月 31 日）

濱口桂一郎 (2012) 雇用ミスマッチと法政策. 日本労働研究雑誌, 54(9),
26–33.

矢野真和 (1991) 試験の時代の終焉：選抜社会から育成社会へ, 有信堂高
文社.

総務省・経済産業省 (2022) 令和 3 年経済センサス－活動調査 速報集計
結果の要約.

　https://www.stat.go.jp/data/e-census/2021/kekka/pdf/s_summary.
pdf（最終閲覧日：2023 年 1 月 31 日）

おわりに

　この書籍では、急速なテクノロジーの進歩等により日々変化していく環境の中で、大学低学年の人が、少しずつ進路選択やキャリア設計の準備をしていくために必要なキャリアデザインの基礎的知識について説明してきました。

　最後に1つ、非西洋圏を代表するキャリアの理論家の一人であるギディオン・アルルマニ（Gideon Arulmani）によるインドのキャリア発達論を紹介したいと思います。

　インドのキャリア発達論には次の4つの発達段階があると言われています（下村・高野, 2022）。

- 第1ステージ：Brahmacharya Ashrama（学習の段階）
- 第2ステージ：Grahastha Ashrama
　　　　　　　　（家族や個人的なキャリアを追求する段階）
- 第3ステージ：Vanaprastha Ashrama
　　　　　　　　（個人的利益のためではなく、社会に奉仕する段階）
- 第4ステージ：Sanyasa Ashrama（人類へ奉仕する段階）

　Arulmani & Nag-Arulmani（2004）によれば、上記4つの各ステージは人生を100年と考えると約25年の長さであるとされており、次のように説明されています。

　第1ステージであるBrahmacharya Ashramaは人生の旅の最初のステージで、教育、学習、人生への準備の時期にあたります。第2ステージであるGrahastha Ashramaにおける個人の主な役割は労働者で、皆さんが学校を終えた頃から始まります。次の第3ステージであるVanaprastha Ashramaでの仕事はそれまでとは別の性質と目的を持ち、そこでは人は個人的な利益を目的とせず、精力的に働き続け、社会に貢

献することが期待されます。そして最後の第4ステージである Sanyasa Ashrama は、人生の最終段階です。この時点から個人はすべての世俗的なつながりを断ち、人類への奉仕に集中することが期待されています。

　この書籍を読んでいる皆さんの多くは今まさに上記理論の第1ステージにあると考えられ、そして大学4年生、もしくは大学院2年生で経験する進路選択（就職活動等）を通じて、上記理論の第2ステージへと移行していくことでしょう。この第2ステージの目的とされている「家族や個人的なキャリアを追求すること」はこれまで、個人のキャリアデザインの目的そのものとして考えられる傾向がありました。

　しかし上記理論のユニークな点は、個人のキャリアデザインの目的を個人的なキャリアを追求していくことだけにとどめず、その先に「個人的利益のためではなく、社会に奉仕する段階」、そして「人類へ奉仕する段階」へとその視点を広げ、個人を、身につけてきた知識・能力を活用して社会に貢献する人材へと生涯をかけて成長し続ける存在として捉えていることにあります。

　皆さんのキャリア形成はいま始まったばかりです。皆さんが自分自身とそしてこれからの社会にとって最善のキャリアを歩んでいくことに、この書籍が役立つことを祈っています。

森田　佐知子

引用文献

Arulmani, G., & Nag-Arulmani, S. (2004). *Career counselling: A handbook.*
下村英雄・高野慎太郎（2022）グリーンガイダンス―環境の時代における社会正義のキャリア教育論―. キャリア教育研究, 40（2）, 45–55.

著者紹介

森田 佐知子 Sachiko Morita

高知大学学び創造センター准教授、博士（学術）。
大学卒業後、民間企業を経て大学教員となる。
近年は個人のキャリア開発とその支援について、
北欧の事例を中心に研究を行っている。

デジタル時代のキャリアデザイン

2023年3月19日　初版発行

著　者　森田　佐知子
発行所　学術研究出版
〒670-0933　兵庫県姫路市平野町62
［販売］Tel.079(280)2727　Fax.079(244)1482
［制作］Tel.079(222)5372
https://arpub.jp
印刷所　小野高速印刷株式会社
©Sachiko Morita 2023, Printed in Japan
ISBN978-4-910733-88-3